Maria von Nagy

Rudolf Steiner über den Selbstmord

Rudolf Steiner über den Selbstmord

Maria von Nagy

Verlag am Goetheanum

1. Auflage im Selbstverlag der Verfasserin, Dornach 1952
unter dem Titel «Rudolf Steiner über den Selbstmord – Ein Hinweis»

2. Auflage 1991, durchgesehen und erweitert von Elisabeth Bessau

3., erw. Auflage 1998

4. Auflage 2021

Satz: Utesch Satztechnik GmbH, Hamburg
Druck: Buchproduktion Thomas Ebertin, Stockach

ISBN 978-3-7235-1656-0

Inhalt

Zur vierten Auflage

Das Thema des Suizids beschäftigt die Menschen auch heute in unverminderter Weise. Gerade in denjenigen Ländern, in denen die Lebenszufriedenheit hoch ist, steigt gemäß einer Studie der Universität Warwick auch die Suizidrate.

Geprägt von Erlebnissen in ihrer Biographie hat Maria von Nagy bereits 1952 ihre auf den Äußerungen Rudolf Steiners zu diesem Thema beruhenden Überlegungen schriftlich niedergelegt. Seit 1991 erscheint diese Schrift im Verlag am Goetheanum.

Auch wenn die angeführten Beispiele in der Vergangenheit liegen, so haben die Ausführungen der Autorin auf Grund der geistig-seelischen Gesetzmäßigkeiten, auf die sie sich beziehen, einen überzeitlichen Charakter und können demjenigen, der sich aus welchem Grund auch immer mit diesem Thema beschäftigt, Anregungen zu eigenen Gedanken vermitteln.

Wir haben uns deshalb entschlossen, diese kleine Schrift in unveränderter Form wieder zugänglich zu machen.

Dornach, im Mai 2021 — Verlag am Goetheanum

Vorwort zur dritten Auflage

Tod und Geburt als bedeutsamste Ereignisse unseres Lebens sind naturgegeben – so scheint es jedenfalls zunächst. Wie aber, wenn der Mensch eingreift? Wenn er die Beziehung zum Leib wie auch zum Geist verliert und den Tod willkürlich herbeiführt?

Die doppelte Verlorenheit macht ihn anfällig für den Zerstörungswillen gegenüber dem Leib und für den Sog ins Leere des Unbekannten. Der gewaltsam todeswillige Mensch wird unfähig wahrzunehmen, daß leibliche Krankheitszustände, auch wenn sie Lebenshoffnung zerstören, eigene sinngebende Geistfähigkeit schaffen können, und unfähig zu begreifen, daß menschliches Leibesdasein Bedeutung haben kann, auch wenn keine äußerlich fruchtbare und sichtbare Geistesfähigkeit mehr damit verbunden ist. Leibliches Dasein und erlebter Sinngehalt können völlig auseinanderfallen, ohne daß deshalb das Menschsein in Frage gestellt zu werden braucht.

Der Mensch weiß um seinen Leib als Lebensträger, und dieses verselbständigte Bewußtsein als Teil seiner innerlichen Seelenfähigkeit läßt ihm die Möglichkeit, gegen seine leibliche Existenz zu handeln; er kann diese zerstören. – Geistig aber kann er sich nicht vernichten, sein höheres Wesen ist ihm nicht natur-, sondern geistgegeben. Dieses Bewußtsein seiner «Geistnatur» ist ihm aber – in der Regel – völlig abgedunkelt beim Entschluß, aus dem Leben zu scheiden.

In einer Zeit, in welcher der religiöse Rückhalt verlorengeht und wenig Neigung besteht zu neuen ideellen Zielsetzungen, einer Zeit, in der – neben dem Mangel an eigener Kraft zur denkerischen Durchdringung von Lebensfragen – auch die vitalen Kräfte schwinden, wird der Willkür-Tod zum zunehmenden Ereignis, das viele Menschen intensiv beschäftigt: Familienangehörige, Ärzte, Psychologen, Soziologen und andere. Ja, jeder Zeitgenosse ist betroffen, insbesondere, wenn der in früher Kindheit noch selbstverständliche Lebenswille schon in jungen Jahren zugedeckt wird und in einem Augenblick in Vernichtungswillen umschlägt. Oder auch, wenn alte Menschen, bitter leidend, nur noch den Tod herbeiwünschen.

Das alltägliche Bedürfnis nach Kausalerklärungen genügt nicht mehr zum Verstehen der zunehmenden Selbstmordtendenz. Die einzelne Handlung können wir vielleicht mitfühlend begreifen, ein tieferes Verständnis des Phänomens des Selbstmordes erfordert aber bisweilen den Einbezug viel weiterer Zusammenhänge, verbunden mit dem Reinkarnationsgedanken.

So schildert Rudolf Steiner das tragische Ableben des genialen österreichischen Dichters Ferdinand Raimund, der sich wenige Tage vor seinem Tod in einer Art Wahnsinnsanfall eine Kugel in den Kopf geschossen hat. Verständlich wird dieses Geschehen erst aus den Verknüpfungen mit einem früheren Erdenleben.

Auch für das Verstehen des sonderbaren Todes von Otto Weininger, der sich 23jährig im Sterbehause Beethovens eine tödliche Kugel ins Herz schoß, gibt Rudolf Steiner bedeutsame Hinweise auf ein früheres Erdenleben mit längerer Gefangenschaft.

Bei den beiden ganz besonderen Schicksalskonstellationen dieser Menschen handelt es sich – entgegen allem äußeren Schein – *nicht* um Selbstmord im Sinne eines willkürlichen Eingriffes in das ablaufende Schicksal. Maria von Nagy geht in ihren Ausführungen eingehender darauf ein. Die diesbezüglichen Schicksalsbetrachtungen Rudolf Steiners zeigen, daß das Problem eine differenzierte Sichtweise erfordert. So lassen sich neben zwar einfühlbaren, aber dennoch schwer verständlichen Motivationen auch vielfältig differenzierte individuelle Schicksalsvoraussetzungen erkennen, die zum Selbstmord führen können. Die hier von Albert Steffen in seinem Dichterwerk vielfältig gegebenen Hinweise sind eine wesentliche Hilfe für das vertiefte Verständnis und das Mittragen tragisch endender Lebensläufe.

Aus dem Wissen um die höhere Schicksalsführung müssen wir den Selbstmord als aus dem Irrtum des alltäglichen Ich-Bewußtseins heraus entsprungen erkennen. Der von seinem Ursprung abgeschnittene Mensch – bis zu einem gewissen Grade betrifft das heute jeden Menschen – verliert den Zusammenhang mit seinem höheren Ich, mit der geistigen Welt. Das tritt in krassester Form gerade dort zu Tage, wo Menschen wahrhaft den Durchbruch zur geistigen Welt in einem kollektiven Selbstmord erzwingen wollen, wie das in den letzten Jahren mehrfach vorgekommen ist.

Das moderne Bewußtsein des Menschen ist erweiterungsfähig, sowohl auf die Sinneswelt wie auf die Geisteswelt bezogen, aber diese Bewußtseinserweiterung kann nur unter Bewahrung des klaren Selbst-Bewußtseins fruchtbar werden. Dieses Ich-Bewußtsein kann sich heranentwickeln zum höheren Ich, dessen Wirksamkeit dort sichtbar wird, wo unser alltägliches Bewußtsein zunächst an eine Grenze stößt: bei Geburt und Tod. Diese sind Taten des höheren Ich. Der willkürliche Eingriff in den Lebensplan ist ein Eingriff in schicksalsbildende Kräfte. – Wenn Selbstmord zum Schicksal der Geistseele geworden ist, bedarf es höherer schicksalsgestaltender Kräfte als jene, über die der Mensch selber verfügen, die er im Leben zwischen Geburt und Tod mitgestalten kann. «Verloren» aber ist der Mensch nur in seinem irdischen Bewußtsein, nicht in seiner Entwicklungsfähigkeit als Geistseele.

Aus solchen Gedankengängen heraus hat Maria von Nagy 1952 ihre lebensnahen Erfahrungen und auch heute noch gültigen Betrachtungen niedergeschrieben. Die zu Herzen gehenden Darstellungen aus gelebter anthroposophischer Geisteshaltung heraus haben ihre Aktualität nicht verloren, auch wenn inzwischen durch eine Fülle von vorwiegend wissenschaftsorientierten und auch literarischen Publikationen über den Selbstmord viele neue Fragestellungen aufgeworfen worden sind. Die grundlegenden Gesichtspunkte dieser Schrift zum Thema des Selbstmordes sind – wie die Nachfrage der letzten Jahre zeigt – weiterhin für viele Menschen von größtem Interesse.

Die biographischen Hinweise der letzten Auflage von 1991 von Istram von Vámosi Nagy geben ein eindrückliches kurzes Bild des Lebens von Maria von Nagy. Sie zeigen, wie Maria von Nagy dieses Gedankengut der Anthroposophie, mit kräftigem Helferwillen vereint, in den Dienst leidender Menschen gestellt hat. – So möge diese Schrift weiterhin hilfreich wirken.

Heinrich Schneider

Ohnmacht der Logik

Schon als einfacher Mitmensch und erst recht als sozialer Arbeiter ist man immer wieder genötigt, über diejenigen Phänomene des praktischen und seelischen Lebens, die mit dem Selbstmord des einzelnen oder mit den Selbstmordepidemien im Zusammenhang stehen, nachzudenken. Auch wenn man ein noch so bescheidenes Alltagsleben führt, begegnet man fast täglich den furchtbaren Problemen des Selbstmordes. Einzelne, spezielle Aufgaben der fürsorgerischen Tätigkeit verlangen dann eine besonders intensive Auseinandersetzung mit den verschiedenen Arten des vollbrachten, des versuchten oder des beabsichtigten «Freitodes». So gibt es zum Beispiel Länder, in denen Krankenhäuser besondere Abteilungen für die geretteten Selbstmörder bereithalten, um ihnen dort nebst der medizinischen und pflegerischen Hilfe auch sozialfürsorgerischen Beistand bieten zu können. Die Aufgabe der hier tätigen Fürsorger besteht darin, die wirtschaftlichen, persönlichen und seelischen Schwierigkeiten der geretteten Selbstmörder zu untersuchen und für diese – wenn es irgendwie geht – Lösungen oder wenigstens Erleichterungen zu finden. Hier handelt es sich also darum, Menschen zu helfen, die sich bereits das Leben nehmen wollten und oft dazu neigen, ihren mißglückten Versuch ein nächstes Mal, besser vorbereitet, zu wiederholen. Eine ganz andere Einstellung verlangen von den Menschenfreunden und Fürsorgern Stätten, wo sich Insassen befinden, die nur auf eine äußere und innere Situation warten, um sich das Leben zu nehmen. Altersheime, Flüchtlings- und Arbeitslager, Gefängnisse und Nervenheilanstalten sowie bestimmte Abteilungen der Krankenhäuser (vor allem für Krebskranke), aber auch Kasernen oder strenge Internate beherbergen gewöhnlich solche Menschen, die leider mit dem schmerzlich-häßlichen Wort als «Selbstmordkandidaten» bezeichnet werden.

In fast allen diesen Fällen steht der hilfsbereite Mitmensch vor beinahe unüberwindlichen Schwierigkeiten. Selbst dann, wenn er die wirtschaftlichen und sonstigen äußeren Umstände der Lebensmüden günstig regeln kann, ist es ihm häufig doch nicht möglich, ihre innere Umstellung zu erreichen. Warum nicht? Weil ihren Problemen mit demjenigen Mittel nicht beizukommen ist, mit dem die schwierigen Fragen des Lebens meistens gelöst werden: mit der Kraft des logischen Denkens. In dem Kampf gegen den «Freitod» scheitert selbst der aufopferndste Helferwille an der Ohnmacht der Logik. Dieses Versagen hat verschiedene Gründe. In vielen Fällen ist die eigentliche Ursache des Selbstmordes dermaßen irrational, daß man sie mit Vernunft überhaupt nicht verstehen, geschweige beseitigen kann. In einer anderen Kategorie der Fälle spricht die rein logische Überlegung durchaus für die Ausführung des Selbstmordes und nicht dagegen.

Ein viel gesehenes, sogenanntes «klassisches Beispiel» für den versuchten «unlogischen Selbstmord» ist das einer jungen, nachträglich geretteten Büroangestellten, die ein großes Quantum Luminal nahm, nur weil ihre Kollegin ganz unbedeutenden Tratsch über sie verbreitet hatte, oder des Studenten, der sich in die Brust schoß, weil seine Braut sich an einem Frühlingssonntag infolge einer vorübergehenden Müdigkeit weniger freundlich benommen hatte als sonst. Auch die Frau gehört zu diesem Typus, die sich aus dem Fenster stürzte, weil ihr Mann die Bemerkung machte, daß seine Schwester – die wenig geliebte Schwägerin – hübscher ausschaue als die Gattin selbst; und der Rekrut, der sich in der tiefen Friedenszeit erhängte, weil der Feldwebel ihn grob beschimpft hatte. Der Nervenarzt, der diese Menschen untersuchte, fand sie eigentlich «normal». Nach seiner Meinung konnte es sich bei der Ausführung dieser unsinnigen Taten nur um vorübergehende Nervenstörungen handeln. Die Geretteten selbst entgegneten, ihnen komme es nicht auf Sinn oder Unsinn an, ihre Sache habe gar nichts mit Logik zu tun; für sie sei das Leben durch die genannten kleinen Begebenheiten eben unerträglich geworden, deshalb wollten sie es nicht mehr fortsetzen.

Im Gegensatz zu diesen Lebensverneinenden stehen zahlreiche andere, bei denen – wie oben erwähnt – die Ursachen des Selbstmordes von rein logischem Gesichtspunkt aus gesehen dermaßen stichhaltig und überzeugend sind, daß man wahrhaftig keine rationalen Gründe gegen sie vorbringen kann. Zum Beispiel: Die Gestapo machte einen kurzen Besuch bei dem schwerverletzten, zur Flucht unfähigen Familienvater und unterhielt sich mit ihm unter vier Augen. Sie hinterließ ein Schächtelchen und teilte beim Abschied mit, sie käme in einer halben Stunde wieder, bis dahin solle der Mann «frei» entscheiden, ob er gemartert oder erhängt werden wolle oder ob er vorziehe, den Inhalt des Schächtelchens einzunehmen. Im letzteren Falle würde er als Opfer eines Unfalls betrachtet und in allen Ehren begraben werden. Vielleicht würde sogar seine Familie nach seinem Tode eine Pension erhalten. Wie hätte der Freund oder die Pflegerin, die vielleicht in diesem Momente neben dem schwerverwundeten Familienvater standen, ihm «logischerweise» raten können, sich selber und seiner Familie unerträgliche Qualen aufzubürden? In einer ähnlichen Schicksalssituation stand eines Tages der Stadtkommandant von T., ein hoher Offizier der Besatzungsarmee. Er erhielt den Befehl, die Stadt zu räumen und alle Brücken, Fabriken, Kasernen und so weiter sprengen zu lassen. Die Bischöfe der Stadt erfuhren dies, suchten ihn auf und erflehten Gnade für die Stadt. Er erwiderte ihnen: «Entweder die Stadt oder ich – eines von beiden – wird untergehen müssen. Ein Drittes gibt es nicht. Ihr wißt wohl, was auf mich wartet, wenn ich mich weigere.» Die Kirchenfürsten flehten ihn weiter an. Schließlich entschloß sich der Kommandant, die Stadt zu retten. Da er sich aber dem Unerträglichen, das auf ihn wartete, ebenfalls nicht aussetzen wollte, erschoß er sich im letzten Moment. Und war es nicht «logisch», daß der Jude, der im plombierten Wagen nach Auschwitz deportiert werden sollte, wo der Gastod seiner harrte, sich das Leben nahm, statt das zwecklose Leiden auf sich zu nehmen? Oder scheint es nicht «rational», wenn der Krebskranke, der weiß, daß er nach Monaten unsäglicher Schmerzen auf jeden Fall sterben muß, sich jetzt schon die tödliche Spritze gibt, anstatt das Drohende abzuwarten?

Schließlich aber gibt es eine dritte Gruppe der Selbstmörder, bei denen überhaupt keine konkreten Gründe – weder irrationaler noch rationaler Art – vorliegen, sondern allgemeine Lebensmüdigkeit und

Lebensabscheu bestimmend sind. «Ich kann es nicht mehr mitmachen!» – «Ich mag das alles nicht weiter mit ansehen!» – «Es ist genug, genug und übergenug von diesem Dasein.» – «Die Kräfte reichen einfach nicht weiter!» So und ähnlich lauten ihre Klagen. Zu dieser Gruppe gehören Menschen in verschiedenen Situationen. Solche, die in den besten, andere, die in den schwersten Lebensverhältnissen stehen – Kerngesunde und Nervenschwache, Hochgebildete und Einfache, Junge und Alte, kinderreiche und kinderlose Frauen und so weiter. Bei ihnen kann mit logischer Überredung erst recht nichts erreicht werden, denn die Grundstimmung ihres Wesens überwuchert die belebende Kraft des klaren Gedankens.

Noch eine weitere, sehr wesentliche Ursache, warum man Menschen, die vor dem Selbstmord stehen, so wenig helfen kann, soll hier angedeutet werden. Bei dem endgültigen Entschluß zu einer solchen verzweifelten Tat ist meistens auch die Weltanschauung mit ausschlaggebend. Das heißt, die Menschen, die bei Bewußtsein sind, treffen ihre letzte Entscheidung doch dem entsprechend, wie sie über die höchsten Fragen des Daseins – nachtodliches Leben, Menschenbestimmung, Unsterblichkeit der Seele, moralische Weltordnung und so weiter – denken. Im allgemeinen ist es aber so, daß sich der soziale Helfer selber – wenn er noch so belesen, sogar psychologisch recht gebildet ist – keine allseitige Einstellung zu diesen letzten Fragen erarbeitet hat. Wie könnte er dann Sicherheit und Harmonisierung einer anderen Seele vermitteln, ihre Fragen beantworten? Sollte nicht an seine Stelle der Psychiater oder Seelsorger treten? Es gibt jedoch viele unter den zerrütteten Menschen, von denen wir sprechen, die weder von Psychiatern noch von Priestern etwas wissen wollen und nur noch mit einem «neutralen» Menschen – eben mit dem Fürsorger – Umgang zu pflegen wünschen. Gerade das Vertrauen solcher Seelen verpflichtet jeden Menschenfreund und jeden Fürsorger, die Probleme derer, die auf seine Hilfe angewiesen sind, so tief nachzufühlen und überschauen zu lernen, wie ihm das nur irgendwie möglich ist.

Das Neue und das Alte

Die wissenschaftliche Fachliteratur versucht, die Selbstmordarten in verschiedene Kategorien einzuteilen; der angewendete Gesichtspunkt, das ordnende Prinzip ist dabei fast immer noch das Motiv des Selbstmordes. Innerhalb dieser verschiedenen Kategorien muß die Selbsttötung der Wahnsinnigen, Nervenkranken und aller Bewußtseinsverlustigen von vornherein scharf abgetrennt werden. Unsere Betrachtung umfaßt die letzteren nicht.

Fritz Schwarz (Professor für gerichtliche Medizin an der Universität Zürich) nennt in seinem verdienstvollen Buche «Probleme des Selbstmordes» die folgenden Arten des Selbstmordes: den altruistischen (dem Märtyrer- oder Opfertod nahestehenden) Selbstmord; den Racheselbstmord; den Selbstmord aus Konvention, aus Sitte, aus Zwang; den unbewußten, indirekten Selbstmord und schließlich den «Bilanzselbstmord».[1] Bis auf den letzten enthalten diese Kategorien zweifellos zahlreiche Grenzfälle, bei denen es schwer zu entscheiden ist, ob es sich um Selbstmord im eigentlichen Sinne handelt. Für die Bezeichnung des absolut eindeutigen Selbstmordes wendet Schwarz – wie auch andere Autoren – den Namen «Bilanzselbstmord» an und erwähnt nur in Klammern, daß derselbe auch «physiologischer Selbstmord» genannt wird. Der «Bilanzselbstmord» kann auch in der Form des Doppelselbstmordes oder Kollektivselbstmordes auftreten. Das Wort «Bilanz» ist ein kaufmännischer Ausdruck, der hier lieblos klingt; er vermag nicht die Schmerzen und Wehen anzudeuten, die den Menschen bestürmen und ihn so weit bringen, daß er sein Gleichgewicht vollständig verliert und sein Leben gewaltsam vernichtet. Aus diesem Grunde möchte ich das Wort «Bilanz» meiden.

Wenn man bei Selbstmördern nicht ihre Handlungsmotive, sondern Schicksalssituationen untersucht, dann wird man unter ihnen zwei Hauptarten finden. Die Angehörigen der ersten Gruppe sind lebensüberdrüssig geworden, weil ihr Schicksal ihnen nichts von einem ersehnten Neuen gebracht, sondern das Alte, das Gleiche wiederholt hatte, bis sie es schließlich verabscheuen mußten. Im Gegensatz zu ihnen sind die Angehörigen der zweiten Gruppe allmählich der plötzlich vor eine ganz neue Lebenssituation gestellt worden, die sie nicht auf sich nehmen und tragen wollten. Bei den ersteren mangelt es an etwas Neuem – bei den anderen ist ein unerwünschtes, entsetzliches Neues eingetroffen! Im allgemeinen ist das Unglück der letzteren mehr bekannt. Ein Beispiel dafür bietet der Universitätsprofessor, der durch seine wissenschaftliche Tätigkeit, durch seinen Charakter und seine Liebe zur Jugend eine geachtete Stelle im Leben eines Landes einnahm und zum Wohle seiner Mitmenschen wirkte. Als er eines Tages erfuhr, daß seine Abstammung «nicht in Ordnung» sei und daß er seinen ganzen Arbeitskreis sofort verlassen müsse und vom nächsten Tage an aller Menschenrechte beraubt und jeder Grausamkeit ausgesetzt sein werde, wartete er den Morgen nicht mehr ab.

Es kommt auch vor, daß das lebenraubende Neue im Laufe der Zeit öfters auftritt, aber erst beim zweiten, dritten Auftreten den Selbstmord bewirkt. Über Schülerselbstmorde sprechend, führt Rudolf Steiner solche Fälle an:

«Wir leben eben vom Aufwachen bis zum Einschlafen in Zusammenhang mit unserem Ich und können unser Ich von gar nichts, was wir denken, fühlen oder wollen, abtrennen. Nun ist das, was wir so innerlich erleben und was durchaus mit unserem Ich verknüpft ist, wie eingebettet in den astralischen, ätherischen und physischen Leib. Diese Leiber erleben wir nicht unmittelbar im normalen Leben. Aus dem Astralleib tauchen allerlei verborgene, unerklärliche Dinge herauf, aber was darin vorgeht, ist dem Menschen unbekannt, so wie demjenigen, der nur das obere Wellenspiel des Meeres betrachtet, unbekannt ist, was in den Tiefen vorgeht. Der Mensch soll nur einmal das Leben beobachten und sehen, wie unbekannt das ist, was im Verborgenen des Lebens vorgeht.

Da haben wir zum Beispiel ein Kind, das im siebenten Lebensjahre nur einmal erlebte, daß es vom Vater oder der Mutter ungerecht behandelt worden ist. Das hatte eine gewisse Aufregung beim Kinde zur

Folge, die man aber nicht beachtete, weil das für die äußere Welt scheinbar sehr bald verschwunden ist. Es ist aber nur in den Astralleib hinuntergestiegen; da unten wogt und treibt es. Das Kind lebt weiter bis zum sechzehnten, siebzehnten Jahre. Es ist auf der Schule. Da kommt irgend etwas vor, der Lehrer macht dieses oder jenes. Ein anderes Kind hätte sich darüber nicht aufgeregt, aber dieses Kind begeht Selbstmord! Wer das Leben dieses Kindes nur äußerlich betrachtet, wird allerlei Zeug reden über die Gründe, die es zum Selbstmord veranlaßten. Nur wer das Leben in seinen Tiefen betrachtet, da wo es wogt und treibt, im Astralleib, der wird wissen, daß zu den wichtigsten Ursachen das Erlebnis der Ungerechtigkeit im siebenten Jahre gehörte. Das lebt da unten im Verborgenen fort und wird nur heraufgerissen durch das Vorkommnis in der Schule; wäre das nicht dagewesen, so wäre der Selbstmord nicht vorgekommen.»[2]

In etwas abgewandelter Form spricht Rudolf Steiner an anderen Stellen über den Tatbestand des Schülerselbstmordes.[3] Das Neue als Gedächtnisschwund veranlaßte einen Gelehrten zu Selbstmord. Rudolf Steiner sagt:

«Einem ehemaligen Bekannten von mir – er war ein sehr gelehrter Herr – passierte es eines Tages, daß ihn das Bewußtsein und das Gedächtnis verließen. Er wußte nicht mehr, wer er einmal war, was er getan hat; von seiner ganzen Gelehrsamkeit wußte er nichts mehr. Alles hatte er vergessen. Er wußte nicht einmal, daß er er selbst ist, daß er er ist. Aber trotzdem, sein Verstand war klar. Der Verstand wirkte ganz klar. Er ging zum Bahnhof, löste sich ein Eisenbahnbillett und fuhr weit. Geld hatte er sich auch mitgenommen, das, was er noch gehabt hat. Er konnte weit fahren. Als er angekommen war an der Station, wohin das Billett gelautet hatte, kaufte er sich ein neues. Und das tat er mehrmals, wußte gar nichts von dem, was er tat. Der Verstand ist aber so abgesondert vom eigentlichen Menschen, daß alles ganz verständig geschah, wie die Tiere verständig handeln – wie ich Ihnen oftmals an manchem guten Beispiel gezeigt habe –, ohne daß sie ein Ich haben. Nun, da fand er sich einmal wiederum, das Gedächtnis kam wiederum. Er wußte, wer er ist. Seine Gelehrsamkeit rückte auch wiederum im Kopfe herauf; aber er befand sich in Berlin in einem Obdachlosenasyl! Da ist er zuletzt gelandet. Abgereist ist er von Stuttgart. Man konnte nachher konstatieren, daß er dort abgereist ist. In bewußtlosem Zustande ist er in Budapest und so weiter gewesen. Den Weg von Berlin nach Stuttgart hat er wiederum machen können. Dann hat ihn jemand von seiner Familie abgeholt, die furchtbar in Ängsten war. Er hat das wieder machen können. Es hat dann allerdings durch Selbstmord geendet...

Aber was geht denn da vor in einem solchen Fall? Ja, sehen Sie, diesen Mann, von dem ich Ihnen jetzt erzählt habe, den habe ich tatsächlich so vor mir, daß ich ihn eigentlich jederzeit malen könnte. Der Mann hatte Augen, von denen man glauben konnte, sie wollten immer mehr tiefer in den Kopf hinein. Er hatte hier vorne so etwas, wie wenn die Nase sich eingegraben hätte – das alles natürlich sehr leise angedeutet – in den physischen Leib. Er sprach mit einem in einer ganz merkwürdigen Weise. Er sprach mit einem so, daß er ganz anders überzeugt war von seinen Worten als ein anderer Mensch. Man hatte das Gefühl, der schmeckt seine eigenen Worte immer auf der Zunge und verschluckt sie, so gern hat er sie. Es gefällt ihm so, wenn er etwas spricht, er schluckt das alles in sich hinein. Und wenn man ihm irgendwie widersprach, da wurde er recht böse. Aber er zeigte äußerlich nicht viel von diesem Bösewerden, sondern sein Gesicht verzerrte sich. Wenn irgendwo auf der Straße ein Wagen knatterte, dann fuhr er furchtbar zusammen; wenn Sie ihm irgendeine Neuigkeit erzählten, dann fuhr er ebenso zusammen, ob sie nun freudig oder traurig war.

Sehen Sie, dieser Mensch hatte zuviel zugehört, und alles drückte sich gleich in seinem physischen Leibe aus. Und dadurch hatte er die Gewohnheit, daß der astralische Leib immer ganz tief in den physischen Leib sich eingrub; er behielt nichts für sich, ... sondern alles grub sich in den physischen Leib ein, bis der physische Leib soweit war, daß er auch sein eigenes Ich eine Zeitlang verrückte.»[4]

Bei ähnlichen Fällen handelt es sich darum, daß der Mensch dem schweren, zermalmenden Neuen das erste Mal wohl noch Widerstand leisten kann, doch das zweite oder dritte Mal davon überwältigt wird.

Man hat statistisch festgestellt, daß bei der Frau das Maximum der Selbstmordtendenz zwischen dem fünfzigsten und dem neunundfünfzigsten Lebensjahr liegt, bei dem Mann erst in der nächsten Dekade. In dieser Differenz kommen wohl Einflüsse des Klimakteriums zur Geltung, das heißt das Neue, das durch die Klimax sich im menschlichen Leben einstellt, kann von gewissen Persönlichkeiten nicht ertragen, nicht verarbeitet werden und führt zur Lebensflucht.

Weniger bekannt als die letzten Fälle sind die Schicksale derjenigen, die zu der erstgenannten Gruppe gehören, in deren Leben sich nichts Neues ereignete; gerade das trieb sie in Verzweiflung und Lebensflucht. Dies wurde das Los der alten Frau mit dem kranken Bein, die vor Jahren den einzigen, gütigen Bruder verlor, seitdem allein die armselige Existenz fristete und niemals etwas Erfreuliches erleben durfte, bis sie sich eines Tages aus dem dritten Stock warf; ebenso des Pedells, der jahraus, jahrein unter den Quälereien seiner Frau litt und schließlich eines Tages nicht an seine Arbeitsstelle kam. Er wurde tot auf dem Estrich gefunden. Er hatte sich erhängt.

Man kann sich kaum vorstellen, wie groß die Zahl der Lebensflüchtigen ist, die sich nicht infolge eines sie erdrückenden Neuen, sondern wegen eines sich immer wiederholenden Alten, das sie nicht mehr tragen wollen, das Leben nehmen. Solche Taten werden hauptsächlich in Ländern ausgeübt, die sich im Friedenszustand befinden. Es gibt Statistiken, die nachweisen, daß in allen Ländern die Zahl der Lebensflüchtigen sofort abnahm, sobald ein Krieg ausbrach und an den erstarrten Lebensformen rüttelte. (Selbstverständlich trat dieser Fall nur dann ein, wenn der Krieg nicht mit Verfolgungen bestimmter Menschenklassen und -rassen oder mit anderen despotischen Maßnahmen verbunden war, sondern «nur» ein «einfacher Krieg» gewesen ist.)

Wenn man die Selbstmordversuche in den Jahreslauf hineinstellt, wird man in zahlreichen Ländern finden, daß die meisten im Mai und Juni, also im Frühling und Vorsommer vorkommen, nicht im Winter, wenn die Lebensverhältnisse der Kälte wegen viel schwierigere sind, die Not drückender ist und die kurzen Tage deprimierend wirken. Warum wohl beim Erwachen der Schönheit der Natur, zur Zeit der

Blütentage? Weil der neue Frühling – der so vielen anderen Geschöpfen viel Schönes schenkt – sie, die vergeblich sich Sehnenden, nun wieder im Stiche läßt und ihre grauen, bitteren Tage nicht ändert, sondern sie gerade so weiter vergehen läßt, wie sie bis jetzt immer verlaufen sind.

Es sei auch noch erwähnt, daß von den sieben Tagen der Woche der Montag der Tag ist – und daneben der Dienstag –, an welchem sich die meisten Menschen das Leben nehmen; also am Anfang der Woche, wo das alte Übel neu beginnt.

Steht wohl die hohe Zahl der Selbstmorde in der Schweiz auch damit in Zusammenhang, daß das Stationäre dieses Landes für viele Seelen unerträglich ist, auch wenn es noch so viele wirtschaftliche und kulturelle Güter bietet? Viele andere Völker beneiden die Schweizer, deren Heimat von den beiden Weltkriegen verschont bleiben durfte. Es gibt stets allzu viele, welche die Vorteile ihres eigenen Landes nicht freudevoll schätzen können. Deshalb gehört die Schweiz unter die Länder mit den höchsten Selbstmordziffern, obwohl ihr materielles und kulturelles Leben ganz außerordentlich hoch steht.

Was mangelte den Selbstmördern?

Diese Frage wird immer wieder gestellt, wenn sich Menschen das Leben nehmen, denen nichts Tragisches und Schweres zugestoßen ist und die doch Opfer innerer Kataklysmen geworden sind. Die Zahl solcher Selbstmörder wächst von Tag zu Tag.

Rudolf Steiner weist oft darauf hin, daß in der Gegenwart viele Seelen auf der Erde leben, welche unterbewußt aus dem Materialismus hinausstreben und eine zehrende Sehnsucht nach einem unmittelbaren

Wissen vom Geiste in sich tragen. Wenn ihre Sehnsucht nicht gestillt wird, werden diese Seelen von schmerzhaften, ja von krankhaften Zuständen überfallen, die schließlich sogar zum Selbstmord führen können. Dies war das Schicksal von Otto Weininger. Rudolf Steiner stellt ihn als Repräsentanten vieler anderer Selbstmörder hin und gibt die Antwort auf die obige Frage folgendermaßen:

«Ich habe öfter den Namen eines sehr merkwürdigen Menschen der Gegenwart ausgesprochen, der wirklich in seinem Leben zwischen Gesundheit und Krankheit hin und her pendelte: Otto Weininger, der das merkwürdige Buch ‹Geschlecht und Charakter› geschrieben hat... Dreiundzwanzig Jahre war er alt, da trifft ihn ein Gedanke, der ihn furchtbar hypnotisiert: daß er sich selbst morden müsse, weil er sonst einen andern morden müsse, der Gedanke, daß ein Mörder, ein Verbrecher in seiner Seele ruht...

Diese Seele hat das Eigentümliche, daß sie nie ganz mit dem Leibe verbunden war. Für den äußeren Psychiater war Weininger Hysteriker; für den, der die Sachen durchschaut, war es so, daß ein unregelmäßiger Zusammenhang zwischen seinem Geistig-Seelischen und seinem Physisch-Leiblichen vorhanden war. Was sonst normal ist, daß das Geistig-Seelische mit dem Einschlafen aus dem Physisch-Leiblichen herausgeht und mit dem Aufwachen wieder mit ihm zusammenkommt, das war bei Weininger anders... So erscheint dem, der die Sache durchschaut, was unregelmäßiger Zusammenhang ist des Geistig-Seelischen mit dem Physisch-Leiblichen, und in diesen unregelmäßigen Zusammenhang tritt auf merkwürdige Weise, aber in ganz besonderer Art, ein Wissen ein, das die Menschheit in der Zukunft wird haben müssen. Denken Sie sich: In einem Menschen, der ja für einen ganz grobklotzigen Psychiater Hysteriker ist, tritt ein Wissen auf, das die Menschheit in der Zukunft wird haben müssen, aber nun auch karikiert. Sie können sich nach dem, was ich heute gesagt habe, leicht vorstellen, daß durch irgendwelche Abnormitäten etwas wie Vorzügler einer Zukunft – wie es Nachzügler der Vergangenheit gibt – unter uns erscheinen, einer Zukunft, wo die Menschen werden wissen müssen von wiederholten Erdenleben, von Karma und vom Träumen des

Karma. Und weil solche Menschen als Vorzügler solcher künftigen Zeiten auftreten, deshalb heilt das Wissen den Organismus nicht, sondern macht ihn krankhaft ...

Ich könnte viele solche Erscheinungen anführen. Was zeigen diese Erscheinungen? Nichts anderes, als daß sich das übersinnliche Wissen, das jetzt in die Menschennatur herein will, ankündigt: und weil es auf dem Wege anthroposophisch orientierter Geisteswissenschaft noch nicht gesucht wird, kommt es in Kataklysmen herein, kommt so herein, daß es die menschliche Natur erschüttert, sie krankhaft macht in dem Grade, wie es die Person Weiningers krank machte. Ich sage krank, wobei ich nichts Philiströses verstehe, sondern eben nur das äußerlich Tatsächliche, daß es in der Tat etwas Krankhaftes hat, wenn sich ein Mensch mit dreiundzwanzig Jahren erschießt, weil er in sich einen verborgenen Mörder findet und sich durch den Selbstmord retten will vor dem Mord.

Man könnte es an hundert, an tausend Beispielen zeigen: Dieses Wissen will herein! Und es wäre gut, wenn möglichst viele Menschen darauf kommen würden, daß es so ist. In den Unterbewußtseinen der Menschen ist ungeheuer weit verbreitet die Sehnsucht nach solchem Wissen vorhanden. Äußere Mächte ... halten das Wissen zurück.»[5]

«An vielen Stellen findet man diesen Geist anschlagend an die Pforte des Bewußtseins. Menschen, die zum Beispiel gerade etwas abnorm sind in ihrem Leben, bei denen kommt es durch eine Lockerung des Geistig-Seelischen im Physisch-Leiblichen heute zustande, daß das Unterbewußte richtiger hereinschlägt in das Bewußtsein, als bei jenen, die nichts Gelockertes an sich haben. Es ist durchaus nicht gesagt, daß das Lockern angestrebt werden soll, wahrhaftig nicht, aber bei einigen Leuten ist auf naturgemäße Weise etwas gelockert, wie zum Beispiel bei Otto Weininger.

... Weininger war eine geniale Natur. Er hat sich dann im dreiundzwanzigsten Jahr eingemietet im Beethovenhaus und sich darinnen erschossen. Daraus sehen Sie, daß er eine ganz abnorme Natur war. Ich will aber nur erwähnen: Wenn Sie sein letztes Buch lesen, so finden Sie unter allerlei anderem auch eine merkwürdige Stelle. Da sagt er:

Warum erinnert sich der Mensch nicht an sein Leben vor der Geburt? Weil die Seele sich so heruntergebracht hat, daß sie untertauchen will in die Bewußtlosigkeit gegenüber dem vorhergegangenen Leben! – Ich erwähne dies nur – und ich könnte das Beispiel vertausendfachen –, um zu zeigen: Es gibt viele Menschen, die der Geisteswissenschaft ganz nahestehen, sie aber nicht finden können, weil die Gegenwart die Menschen überhaupt nicht an die Geisteswissenschaft heranlassen will.»[6]

Wie es gekommen wäre

Eine langjährige sozialfürsorgerische Tätigkeit läßt auf viele traurige Fälle zurückblicken, bei denen es möglich war zu erkunden, *wie* sich das Schicksal der Betreffenden gestaltet hätte, wenn sie die Tat, die ihrem Leben ein Ende machte, nicht ausgeführt hätten. An einer ganzen Reihe von Fällen hat sich unzweideutig erwiesen, daß recht bald nach dem Selbstmord eine entscheidende Besserung eingetreten ist, welche die unglücklichen Menschen gerettet hätte. Einige Beispiele mögen das hier Gesagte beleuchten.

Ein altes, wohlhabendes Ehepaar mußte im Zweiten Weltkriege aus Ostdeutschland – das zum Schlachtfeld geworden war – nach dem Westen fliehen. Es fuhr im eigenen Auto, so weit es nur konnte. Schließlich wurde es in einer Stadt von der Gestapo aufgehalten. Der alte Mann wurde als Landesverräter bezeichnet und durch die Gestapo eingekerkert; denn «seine Pflicht wäre gewesen, daheim zu bleiben und mit Waffen gegen den Feind zu kämpfen». Da er wußte, daß Landesverrat mit der furchtbarsten Art der Hinrichtung bestraft werde, säumte er nicht, in einem unbewachten Moment das für alle Fälle mitgebrachte Gift einzunehmen. Inzwischen ruhte die Gattin nicht. Sie verschaffte sich durch den Verkauf ihrer mitgebrachten Juwelen in wenigen Stunden eine große Summe und bot diese der Gestapo an. Ihr Angebot wurde angenommen. Der Mann lebte noch. Er wurde freigelassen. Die Gattin brachte ihn in das Krankenhaus, ließ die besten Ärzte zu ihm kommen. Sein Leben wurde zunächst gerettet. Ganz konnte er jedoch nicht mehr hergestellt werden, in einigen Monaten starb er an den Folgen der Vergiftung. Ähnlich ging es einer Frau, die, als Jüdin bezeichnet, von einer Provinzstadt im plombierten Wagen in eines der bekannten Todeslager deportiert werden sollte. Um diesem Schicksal auszuweichen, nahm sie im letzten Moment Gift. In wenigen Stunden war sie tot. Sie ist die einzige, die von dem ganzen Transport starb, weil durch merkwürdige Verkettung der Ereignisse alle anderen – als hätte ihnen ein Wunder geholfen – gesund heimgekehrt sind. Zwei Freunde, ein Arzt und ein Schriftsteller, die sich am ersten Tag schon das Leben nahmen, als der Verfolgungsplan in der Großstadt, in der sie wohnten, bekannt wurde, wußten nicht, daß ihre Gefährten bereits ihre Rettung gesichert hatten und kurze Zeit nach ihrem Tod zu ihnen kamen, um ihnen Hilfe zu bringen.

Es ist erschütternd zu sehen, wie der unglückliche Selbstmörder mit seiner Verzweiflung kämpft und dann das Leben von sich wirft, weil er das Gefühl hat, niemand bringe ihm Hilfe, während in Wirklichkeit eine Anzahl Seelen sich bemühen, ihn zu retten, nur weiß er noch nichts davon. Die Überzeugung vieler Selbstmörder, daß sie nun endgültig dem bösen Schicksal ausgeliefert und vollkommen verlassen sind, beruht auf einem Irrtum. Wenn man die zahlreichen Fälle eingehend studiert, in welchen Selbstmörder im letzten Moment gerettet wurden, kann man sich ein klares Bild davon machen, welche vielfältigen Kräfte in den Herzen anderer Menschen «mobilisiert» werden, sobald jemand an der Schwelle der Selbsttötung angelangt ist. Hauptsächlich Mütter sind es, doch auch andere Angehörige, Lehrer, Schüler, Fürsorger, Freunde des Verzweifelten – oft aber wildfremde Menschen –, die, durch eine plötzliche Unruhe befallen, zu ihm eilen, um ihn im allerletzten Moment in das Leben zurückzuführen.

Manche Selbstmörder fühlen genau, daß eine Hilfe irgendwo noch für sie bereit ist und suchen eine solche Art der Selbsttötung, die vielleicht noch rückgängig gemacht werden kann. Dies ist recht oft der Fall bei dem Selbstmord aus Liebesschmerz.

Die natürliche Heilung oder wenigstens die Linderung des letzteren ist ein Naturgesetz. Sie ist also immer nahe. So fühlen wohl die meisten Liebenden, die Hand an sich legen – dies ist eine ermittelte Tatsache! –, denn sie wählen die Todesart, bei der die Rettung am ehesten möglich ist. Sie schießen sich in die Brust. Und tatsächlich wird eine ganze Anzahl unter ihnen durch Ärzte gerettet.

Sogar bei solchen Schicksalen, wo nicht schwere äußere Verhältnisse oder sonstige Lebenskrisen in den Tod treiben, sondern wo eine innere Seelenlage das eigentliche Motiv ist, kann des öfteren festgestellt werden, daß nach der vollbrachten Tat, aber noch vor dem Sterben, der betreffende Mensch zu sich kommt und darüber spricht, daß sein Seelenleid jetzt von ihm genommen ist und er wieder Kraft und Mut zum Leben gewinnt. Er sagt, er fühle deutlich, daß er seine gesunde Urteilskraft nun zurückerhalten habe. Er bereut seine Tat und bittet die Ärzte, ihn zu heilen, damit er wiedergutmachen könne, was er gefehlt hat. Bei solchen Menschen scheint die Gesundung der Seele nahe gewesen zu sein, und wenn sie ein wenig gewartet hätten, wären sie von ihrer Seelenqual befreit worden.

Gegenbeispiele können auch vorgebracht werden dafür, wie es gekommen ist (und nicht wie es gekommen wäre), wenn jemand der Versuchung des Selbstmordes Widerstand geleistet hat. Ein solches Beispiel bietet der Staatsmann, der wohl große politische Fehler machte, in bezug auf Menschlichkeit und Moralität aber hoch stand. Wegen seiner Politik wurde er zum Tode verurteilt (Kopfschuß im Gefängnishof unter Zulassung der Öffentlichkeit). Seine Frau brachte ihm dreimal Gift ins Gefängnis, damit er nicht mit einem entwürdigenden Schauspiel sein ehrwürdiges Leben beende. Er wies sie alle drei Male zurück und ergab sich seinem Schicksale. Seine Einstellung ermöglichte ihm in der allerletzten Stunde seines Lebens die Erfüllung eines alten Wunsches, den er während der ganzen Zeit seiner Verhaftung umsonst gehegt hatte. Unmittelbar vor seinem Tode durfte er sich mit ausländischen Korrespondenten zugunsten seines Volkes aussprechen.

Nicht Strafe, sondern Folge

Es gibt Völker, die durch die Macht der Konvention oder des Gesetzes den Selbstmord in bestimmten Lebenslagen zur Pflicht, zur ehrwürdigen Sitte erheben. Nach diesem Prinzip handelten verwitwete Frauen in Indien, besiegte Soldaten in Japan. In diesem Lande steht der «Hügel der Selbstmörder», in Okavina, wo im Sommer 1945 angeblich 10 000 japanische Soldaten sich das Leben nahmen, um nicht in die Gefangenschaft der feindlichen Armee fallen zu müssen. Diese Denk- und Handlungsweise war in früheren Kulturepochen unter viel mehr Völkern verbreitet als jetzt. Sie ist durch die Weltanschauung, die von Europa seit der Begründung des Christentums ausstrahlt, an vielen Orten umgestaltet worden.

Für Selbstmörder, die eine solche Denkweise sich nicht zu eigen machen, ist es bezeichnend – wie dies aus den nachgelassenen Briefen der Gestorbenen und aus den Worten der Geretteten hervorgeht –, daß sie sich vor der Ausführung ihrer letzten Tat Gedanken darüber machen, ob die Seele nach dem Tode in bewußter Weise weiterexistiert oder nicht. Sowohl Selbstmörder, die die Unsterblichkeit des Menschengeistes bejahen, als auch andere, welche sie verneinen, kommen dabei zum gleichen Entschluß. Ein Gedanke, der im Mittelalter noch die Kraft hatte, viele Christen vom Selbstmord zurückzuhalten, ist heute unwirksam geworden. Die Annahme einer nachtodlichen, sogar einer ewigen Strafe für diese Tat wird heute als eine falsche bezeichnet.

Diese Wandlung hat den Weg für neue Denkrichtungen bereitet, die wesentliche Tatsachen ganz übersehen, wie es im Folgenden gezeigt werden soll.

Wenn die Menschen in ihren letzten, qualvollen Stunden vor ihrem «Freitode» sich an die göttliche Liebe klammern und die Hoffnung pflegen, daß sie nach dem Tode Verständnis und Verzeihung erlangen werden, so ist ihre Hoffnung voll berechtigt, und doch bewegt sich ihr Denken in einer falschen Richtung. Unser Weltall ist durchwegs auf eine allgemeingültige Gesetzmäßigkeit aufgebaut. Jede Tat hat ihre unvermeidliche Konsequenz, so auch der Selbstmord. Doch seine Folgen können sich erst nach dem Tode einstellen, und der Selbstmörder muß ihnen im nachtodlichen Sein begegnen. Dies zu wissen, ist für jeden Menschen wichtig, besonders auch für die hinterbliebenen Angehörigen der Selbstmörder. Im Hinblick auf die allgemeine Wichtigkeit dieses Wissens behandelte Rudolf Steiner schon in seinem grundlegenden Buche «Theosophie» im Jahre 1904 das tragische Problem des Selbstmordes im Zusammenhang mit den nachtodlichen Erlebnissen, welche die Seele des Menschen nach dem Ablegen des Leibes durchzumachen hat. Die Art und Weise dieser Erlebnisse ist unter anderem auch stark davon abhängig, wie und in welchem Zeitpunkt seines Lebens der betreffende Mensch gestorben ist. Der sogenannte natürliche Tod vermittelt ganz andere Inhalte als der gewaltsame. Beide erwecken verschiedene Sehnsüchte, Wünsche und Fähigkeiten in der Seele, die soeben durch die Pforte des Todes gegangen ist.

«Der Mensch empfindet während des physischen Lebens seinen Körper als sein Selbst. Das, was man *Selbstgefühl* nennt, gründet sich auf diese Tatsache. Und je sinnlicher die Menschen veranlagt sind, desto mehr nimmt ihr Selbstgefühl diesen Charakter an. – Nach dem Tode fehlt der Leib als Gegenstand dieses Selbstgefühls. Die Seele, welcher dieses Gefühl geblieben ist, fühlt sich deshalb wie *ausgehöhlt.* Ein Gefühl, wie wenn sie sich selbst verloren hätte, befällt sie . . .

Es soll nicht unerwähnt bleiben, daß die Erlebnisse dieser Region im besonderen Maße Selbstmörder durchmachen. Sie verlassen auf künstlichem Wege ihren physischen Leib, während doch alle Gefühle, die mit diesem zusammenhängen, unverändert bleiben. Beim natürlichen Tode geht mit dem Verfall des Leibes auch ein teilweises Ersterben der an ihn sich heftenden Gefühle einher. Bei Selbstmördern kommen dann noch zu der Qual, die ihnen das Gefühl der plötzlichen Aushöhlung verursacht, die unbefriedigten Begierden und Wünsche, wegen deren sie sich entleibt haben.»[7]

Zwei Jahre später heißt es in einem Vortrag Rudolf Steiners:

«Zu den verschiedenen Gefühlen, die dem Menschen im Leben anhaften, gehört besonders das eigentliche Daseinsgefühl, das Lebensgefühl, die Freude am Leben überhaupt, am Drinnenstecken im physischen Körper. Darum ist es eine Hauptentbehrung, keinen physischen Körper mehr zu haben. Wir werden nun dadurch das furchtbare Schicksal und die entsetzlichen Qualen jener Unglücklichen verstehen, welche durch Selbstmord aus dem Leben scheiden. Beim natürlichen Tod ist die Trennung der drei Körper verhältnismäßig eine leichte. Selbst bei Schlagfluß oder sonst einer schnellen natürlichen Todesart ist in Wirklichkeit schön längst die Trennung dieser höheren Glieder voneinander vorbereitet worden; sie trennen sich leicht, und die Entbehrung des physischen Leibes ist dann nur eine sehr geringe. Aber bei einer so gewaltsamen plötzlichen Trennung vom Körper wie bei einem Selbstmörder, wo noch alles gesund ist und noch fest zusammenhält, da tritt unmittelbar nach dem Tode eine starke Entbehrung des physischen Körpers auf, die furchtbare Leiden verursacht. Es ist ein furchtbares Schicksal. Der Selbstmörder fühlt sich wie ausgehöhlt und beginnt nun ein grausiges Suchen nach dem so plötzlich entzogenen physischen Körper. Nichts läßt sich damit vergleichen.

Es wird nun mancher sagen: Der Lebensüberdrüssige hängt ja gar nicht mehr am Leben, sonst hätte er es sich nicht genommen. – Das ist eine Täuschung, denn gerade der Selbstmörder hängt zu sehr am Leben; weil es ihm aber die Befriedigung gewohnter Genüsse nicht mehr bietet, weil es ihm vielleicht durch veränderte Verhältnisse manches versagt, darum geht er in den Tod, und darum ist ihm nun die Entbehrung des physischen Körpers unsagbar groß.»[8]

In zahlreichen Vorträgen beschäftigt sich Rudolf Steiner mit den qualvollen Erlebnissen, die die Selbstmörder nachtodlich durchmachen müssen. Er betont ausdrücklich, daß die plötzliche Trennung vom physischen Leib im Fall des Selbstmordes schmerzlicher ist als bei einem gewaltsamen Tod, den der Mensch nicht sich selbst gegeben hat:

«Der Mensch muß sich abgewöhnen, einen Körper zu haben. Der Tod erzeugt in ihm zuerst die Wirkung einer ungeheuren Leere. Beim gewaltsamen Tod und beim Selbstmord sind diese Gefühle der Leere, des Durstes und des Brennens noch viel schrecklicher. Der Astralleib, nicht dazu vorbereitet, außerhalb des physischen Leibes zu leben, reißt sich unter Schmerzen davon los, während beim natürlichen Tode der reif gewordene Astralleib sich leicht löst. Beim gewaltsamen Tod, der nicht vom Willen des Menschen verursacht ist, ist die Loslösung immerhin weniger schmerzhaft als im Fall des Selbstmords.»[9]

Die Tatsache, daß der Mensch von vornherein einen Schicksalsplan für einen ganzen irdischen Lebenslauf in sich trägt, wird heute schon von manchen wissenschaftlichen Richtungen anerkannt. Die Jugendpsychologie beschäftigt sich mit der Periode der Entwicklung, in welcher dieser bis dahin unbewußte, in der Seele verborgene Lebensplan aufdämmert und nach bewußtem Ausdruck drängt; dies ist die Zeit der Berufswahl. Der Mensch ist aber dem Fatum nicht unterworfen, er ist nicht Sklave der Determination. Er hat die Möglichkeit, auf der Erde sein Schicksal zu verbessern oder zu verschlechtern und auch sein Leben durch Selbstmord abzukürzen. In diesem Falle ist die Periode seines nachtodlichen Lebens besonders leidvoll, weil dann ein ständiges «Suchen» nach dem verlorengegangenen irdischen Leib vorherrscht:

«Wenn der Mensch Selbstmord begeht, hat er sein Ich mit dem physischen Körper identifiziert. Daher entsteht nachher um so heftiger die Gier nach dem physischen Körper. Er kommt sich dann vor wie ein ausgehöhlter Baum, wie einer, der sein Ich verloren hat. Er hat dann einen fortwährenden Durst nach sich selbst.

Wenn der Mensch gewaltsam getötet wird, ist er in einer ähnlichen Lage. Bei dem Menschen, der eines gewaltsamen Todes stirbt, bleibt bis zu der Zeit, zu der er sonst gestorben wäre, das Suchen nach seinem physischen Körper, nach seinem Selbst.»[10]

Diese Wirkungen des Selbstmordes sind nicht als «Strafe» aufzufassen, sie sind Notwendigkeiten, die durch die Struktur des menschlichen Wesens bedingt sind. Als Rudolf Steiner gefragt wurde, ob sich die Folgen eines Selbstmordes im nachtodlichen Sein anders gestalten, wenn diese Tat nicht im Wachbewußtsein, sondern im Wahnsinn ausgeübt wurde, antwortete er:

«Da liegen schon andere Verhältnisse vor, man muß auf das gesamte Schicksal schauen.»[11]

Wahrscheinlich ist im letzteren Zustand an und für sich schon eine Lockerung zwischen Seele und Leib vorhanden, welche auf die Trennung der beiden vorbereitend und mildernd wirkt.

Tragischer entfaltet sich vor uns das Schicksal des Selbstmörders, wenn wir wissen, daß seine Tat nicht nur im nachtodlichen, sondern auch im nächsten Erdenleben schwere Folgen bringen kann. Es droht ihm dann auch die Gefahr, nicht mit sich zurechtzukommen und keinen Einklang in sein Leben tragen zu können:

«Wenn wir daher in einem Erdenlaufe des Menschen finden: dieser Mensch hat etwas Besonderes, in einem besonderen Zeitpunkte zu vollbringen vermocht, er hat seinem ganzen Leben eine neue Richtung gegeben, wie aus unbekannten Tiefen ist etwas von Kräften in seiner Seele aufgekommen: das kommt von einem gewaltsamen Tode in einem früheren Leben. Diese Kräfte, die dem Leben eine neue Richtung geben, die werden jetzt viel erforscht, es werden ja solche Dinge sehr viel beschrieben, wie Menschen plötzlich ihrem Leben eine neue Richtung geben; solche Dinge führen zurück auf gewaltsame Tode, die aber selbstverständlich nicht irgendwie gesucht werden dürfen. Denn ein Tod, der als gewaltsamer Tod gesucht würde, der würde schon nicht mehr ein solcher sein, der von außen herbeigeführt wird . . .

Ein gewaltsamer Tod aber, der durch Selbstmord gesucht würde oder durch den Wunsch gesucht würde, er würde den Menschen in einer Weise beeinträchtigen, daß er im nächsten Lebenslauf nicht mit seinem Leben zurechtkommen könnte, daß er gewissermaßen haltlos würde.»[12]

Wenn man diese ernste Schilderung liest, so neigt man öfter dazu, sich gegen die Schicksalsordnung aufzulehnen und die Einrichtung des Weltalls als eine ungerechte zu bezeichnen. Die Toten selber empfinden anders. Rudolf Steiner betont oft, daß die Toten, trotz der lastenden Folgen ihrer Taten, die Weltordnung nicht als eine lieblose oder unbarmherzige erleben. Die Toten werten das Schicksal anders, als wir es tun. Sie erleben die fördernden und läuternden Wirkungen ihrer leidvollen Erlebnisse. Das Gefühl, daß man sich entwickelt, wenn man die Folgen der Taten in rechter Weise auf sich nimmt, erfüllt die Menschen im nachtodlichen Sein. Zu einem Erleben der Befreiung kommt noch hinzu, daß die guten Taten, die der Selbstmörder auf der Erde vollbracht hat, Licht auf seinen Weg in der Seelenwelt strahlen.

Die zitierten Worte Rudolf Steiners enthalten allgemeine Gesetzmäßigkeiten; individuelle Verschiedenheiten und Unterschiede schilderte er in anderen Werken.

Wege der Hilfe

Je mehr man die tragische Perspektive und Tragweite des Selbstmordes kennenlernt, desto mehr wird man sich fragen: Welche Hilfe gibt es denn für diejenigen, die von einer solchen Tat nicht zurückgehalten werden konnten und nun im nachtodlichen Sein die verschiedenen Folgen ihrer Tat tragen? Wie können wir Menschen Linderung an sie heranbringen, Liebe und Kraft zu ihnen senden?

Diese Fragen haben seit uralten Zeiten in den Herzen der Menschen gelebt. Die Pflege der Beziehung der Lebenden zu den Toten ist ja eine der großen Aufgaben der wahren, echten Kulturen. Im Urchristentum erreichte sie in einer ganz neuen Weise eine wundersame Höhe. Im modernen Materialismus ist sie verkümmert, fast ausgelöscht. Rudolf

Steiner zeigte der gegenwärtigen Menschheit, daß auch für sie geistige Wege offen sind, auf denen sie in einer ihr entsprechenden, zeitgemäßen Art die Toten (auch die Selbstmörder) finden und sie zur göttlichen Liebe weisen kann.[13]

In vielen Büchern und Vorträgen schilderte Rudolf Steiner bis in Einzelheiten diese Wege. Er gab weitgehende, konkrete Ratschläge. Jeder, dem diese Fragen am Herzen liegen, kann in Rudolf Steiners Werken Anweisungen dafür finden, was er zu tun hat, um helfenden Anteil an den Erlebnissen der Toten zu nehmen und sie in Liebe begleiten zu können.[14]

Der entscheidende Seelenzustand

Wenn man zahlreiche Selbstmorde von vielen Seiten prüft, wird man immer wieder bestätigt finden, daß trotz der Vielfalt der Einzelheiten ein gemeinsamer Zug in allen Fällen vorhanden ist. Dieser gemeinsame Zug besteht darin, daß alle Selbstmörder, die vor dem Vollbringen ihrer Tat bei Bewußtsein sind, sich in eine innere oder äußere Situation versetzt fühlen, in der sie feststellen müssen, daß nun kein Ausweg mehr für sie vorhanden sei. Diese Feststellung der Aussichts- und Ausweglosigkeit ist bei seelischen Zusammenbrüchen, Gemütskrisen, Verzweiflungszuständen, kurz bei allen Arten der inneren tragischen Konflikte der Lebensflüchtigen eine rein gefühlsmäßige, eine rein subjektive. Dagegen kann sie bei äußeren Katastrophen, wie Deportation, Gefangenschaft, Todesurteil, Krankheitsdiagnosen und so weiter auf objektiven Tatsachen beruhen und als Resultat einer klaren Gedankenarbeit auftreten. Viele Menschen, die sich in bezug auf ihren äußeren Lebenslauf in hoffnungsloser Situation befinden, überprüfen vor der Ausführung ihrer Tat immer wieder ihre Lage und führen ihren Entschluß dann erst aus, wenn die Aussichtslosigkeit ihrer Lage sich neu bestätigt. Zu solchen haben Hitler und Goebbels gehört, die «bis zum letzten Moment» gewartet haben und erst kurz vor Ankunft der Russen sich den Tod gaben. Es gibt aber auch Menschen – im ersten Teil dieser Betrachtung sind einige angeführt worden –, die sich schon bei dem ersten flüchtigen Auftreten einer unlösbaren Seelenstimmung in die Lebensvernichtung «retten».

Wenn wir von Grenzfällen absehen, so muß trotz aller Verschiedenheit der Freitod-Akten wiederholt werden: Dem eigentlichen Selbstmord geht die gefühlsmäßige oder gedankliche Feststellung der inneren oder äußeren Ausweglosigkeit voraus.

Diese «entscheidende» Seelenverfassung wird in zahlreichen hinterlassenen Briefen und Notizen der aus dem Leben in dieser Weise Ausgeschiedenen geschildert. Unter ihnen befinden sich – fast sogar in Mehrheit – tief religiöse Menschen, die unerschütterlich an die ethische Weltordnung glauben und vom Sein eines göttlichen Vaters aller Geschöpfe überzeugt sind, der ihre Tat sicher verzeihen wird, weil er ja ihre ganze Hoffnungslosigkeit sieht, welche die Weiterführung des Lebens verunmöglicht.

Eine vierundfünfzigjährige Mutter von drei Kindern schrieb im letzten Moment vor ihrer Selbsttötung in sicherer Hoffnung auf die Gnade Christi:

«Jesus Christus hat wohl nie gewünscht, daß wir länger gequält werden als er selbst.»

Noch treffender, noch umfassender als die Briefe der Verzweifelten es können, charakterisieren große Kunstwerke diesen entscheidenden Seelenzustand, so zum Beispiel das Drama Albert Steffens «Ruf am Abgrund». Zwei Menschen stehen in diesem Drama vor dem Selbstmord: ein Vater und seine Tochter. Der Vater ist ein Wissenschaftler und Arzt, der die Überzeugung gewonnen hat, daß die Euthanasie in vielen Fällen eine Forderung der Nächstenliebe sei. Welche sind aber diese Fälle? Er hat sich zur Lebensaufgabe gestellt, die ungeklärte Frage medizinisch und strafrechtlich zu lösen. Eines Tages kommt er aber in eine Schicksalssituation, welche ihn mit sich selbst in Konflikt bringt und aus welcher er keinen Ausweg finden kann. Der Dichter läßt auf einzigartige Weise den Arzt in wenigen Sätzen seinen verzweifelten Entschluß begründen:

«. . . Die Menschheit mög' mit sich
und ihrem fürchterlichen Leiden selbst
zu Rande kommen. Ich bin nicht mehr fähig,
mit dem Begriff der Nächstenliebe mich
zurechtzufinden. Folglich mache ich Schluß.»[15]

Hier hören wir die typischen Worte des Selbstmörders. Weil er mit dem Hauptmotiv seines Lebens sich nicht zurechtfindet und auf eine Neuordnung seiner Schicksalskonstellationen nicht mehr hoffen kann, macht er Schluß.

Im Kampfe gegen die Gefahr des Selbstmordes handelt es sich also – sowohl bei uns selbst wie bei andern – in erster Linie darum, jenem dem Selbstmord zugrunde liegenden Erlebnis der Ausweglosigkeit richtig zu begegnen.

Am 1. Oktober 1911 fand in Basel ein Vortrag Rudolf Steiners statt, betitelt: «Die Ätherisation des Blutes», in welchem er den umfassendsten Schicksalsinhalt der inneren und äußeren Lebenslagen charakterisierte, die der Mensch als unlösbar und aussichtslos erleben muß.[16]

Rudolf Steiner schildert in diesem Vortrag den verschiedenen Ursprung der im Menschen waltenden moralischen, ästhetischen und intellektuellen Kräfte und die entgegengesetzte Richtung der ihn durchpulsenden Blut- und Lebensströmungen. Das Wesen des Menschen, wo alle diese entgegengesetzten Elemente zusammentreffen, muß zu einem Kampfplatz werden. Rudolf Steiner bezeichnet die Momente des menschlichen Lebens, in denen der Kampf der verschiedenen Strömungen am heftigsten ist; er weist aber auch auf die Stufe der menschlichen Entwicklung hin, auf der sie alle miteinander in Einklang kommen. Die Verbindung des Menschen mit Christus erfordert, daß er «das richtige Verständnis entgegenbringt dem, was im Christus-Impuls enthalten ist.»

Zu diesem «richtigen Verständnis» der Inhalte des Christus-Impulses gehört vieles. Es gehört dazu ein Wissen von den verschiedenen Phasen der ununterbrochenen Erlöserwirksamkeit des Christus, das heißt von den konkreten Taten, die er vor, während und nach seiner Erdenzeit vollbringt und vollbracht hat, ferner ein Wissen davon, daß wir vom zwanzigsten Jahrhundert an in jene Zeit gelangt sind, in der der auferstandene Christus in das Erdenleben eingreift. Zunächst wird er als Geistwesenheit von einer kleinen Anzahl, dann von immer mehr Menschen erlebt. «Das muß kommen, das ist ein Naturereignis.» Das Damaskus-Erlebnis des Paulus wird sich für eine Reihe von Menschen wiederholen, dadurch wird die Rettung der Menschheit bewirkt.

In den ersten Jahren unserer Zeitrechnung bis zum Tode auf Golgatha kam der Christus in einem physischen Leib zu den Menschen. Heute beginnt die Zeit, in der er im Auferstehungs-Leibe immer mehr und mehr den Menschen begegnen wird. «Aber», sagt Rudolf Steiner, «es wird sich darum handeln, daß die Menschen lernen, den Moment zu betrachten, wo der Christus an sie herantritt.»

Diese Mahnung Rudolf Steiners muß so verstanden werden, daß die Möglichkeit, die Gefahr durchaus besteht, den Moment der Begegnung nicht wahrzunehmen, die Gegenwart des Christus nicht zu erfassen. Welches Unglück diese Gefahr enthält, kann der Mensch ermessen, wenn er bedenkt, wie alles gegangen wäre, wenn Paulus seine Begegnung mit Christus nicht wahrgenommen hätte. Was wäre aus ihm, was aus der Menschheit geworden? Was würde in der Zukunft daraus werden, wenn die Menschen, die Christus aufsucht, ihn nicht bemerkten, wenn sie «den Moment ..., wo der Christus an sie herantritt», nicht betrachten könnten?

Man muß sich die Frage stellen: Woran ist denn dieser allerwichtigste Moment zu erkennen? Wie sind die besonderen Schicksalssituationen geartet, in welchen der Auferstandene erscheint? Rudolf Steiner schildert eine solche sowohl in bezug auf einzelne Menschen wie auch in bezug auf ganze Gemeinschaften. Er sagt:

«Es werden nur wenige Jahrzehnte vergehen, und für die Menschen, besonders der jugendlichen Jahre, wird der Fall eintreten – jetzt schon überall bereitet es sich vor –: Irgendein Mensch kommt da oder dorthin, dieses oder jenes erlebt er. Wenn er nur wirklich das Auge durch die Beschäftigung mit der Anthroposophie geschärft hätte, könnte er schon bemerken, daß plötzlich um ihn irgend jemand ist, kommt, um zu helfen, ihn auf dieses oder jenes aufmerksam zu machen: daß ihm der Christus gegenübertritt – er aber glaubt, irgendein physischer Mensch sei da . . . Gar mancher wird erleben, wenn er gedrückten Herzens, leidbelastet, still in seinem Zimmer sitzt und nicht aus noch ein weiß, daß die Tür geöffnet wird: Der ätherische Christus wird erscheinen und wird Trosteswort zu ihm sprechen. Ein lebendiger Trostbringer wird der Christus für die Menschen werden!»

Situationen also, in denen der Mensch weder «aus noch ein weiß», sind gerade die besonderen Lebensaugenblicke, in denen der Christus an die Menschen herantritt, das heißt, wenn das beschriebene Erlebnis der Ausweglosigkeit seinen Tiefpunkt erreicht, erscheint der Christus selbst als geist-lebendiger Rat- und Trostbringer!

Und dies kann nicht nur dem einzelnen, sondern ganzen Gemeinschaften geschehen, mehreren Menschen, die gemeinsam in eine katastrophale Lage geraten sind: «Mag es auch heute noch grotesk erscheinen, aber wahr ist es doch, daß manchmal, wenn die Menschen zusammensitzen, nicht ein noch aus wissen, und auch wenn größere Menschenmengen zusammensitzen und warten: daß sie dann den ätherischen Christus sehen werden! Da wird er selber sein, wird beratschlagen, wird sein Wort auch in Versammlungen hineinwerfen. Diesen Zeiten gehen wir durchaus entgegen. Das ist das Positive, dasjenige, was als positives, aufbauendes Element in die Menschheitsentwickelung eingreifen wird.»

Mit diesen Worten beleuchtet Rudolf Steiner in dem genannten Vortrag von einer ganz neuen, bis dahin nie geschilderten Seite diese Seelenzustände, welche wir als die für den Selbstmord entscheidenden bezeichnen mußten und welche aus dem Erleben der subjektiven oder objektiven Hoffnungslosigkeit herrühren. Er zeigt, daß man gerade innerhalb dieses scheinbar trostlosen Erlebens das Allergrößte in Empfang nehmen kann: das positive, aufbauende Element, das von Christus selbst ausgeht und in die Menschheitsentwicklung eingreift.

Die dramatischen Werke Albert Steffens, «Adonis-Spiel», «Der Sturz des Antichrist», «Fahrt ins andere Land», stellen lichtbringend die Erlebnisse solcher Menschen, die, in ganz verzweifelter Situation sich befindend, die Rettung durch den Auferstandenen selbst erfahren dürfen, dar.[17]

Unsere tragischen Mitmenschen, die Selbstmörder, werden wohl in Situationen getrieben, wo sie weder «ein noch aus wissen», da sie aber nichts davon wissen, daß sie nun die Hoffnung hegen dürfen, das denkbar Höchste zu erleben, haben sie nicht die Kraft abzuwarten, bis die Tür aufgeht und der «Trostbringer» Christus erscheint, sondern sie fliehen den Augenblick.

Man muß ihre Motive verstehen! Wer dürfte den ersten Stein auf sie werfen, wer könnte ganz sicher seiner selbst sein, durchhalten zu können? Doch je tiefer wir der Haltung solcher Selbstmörder Verständnis entgegenbringen, desto mehr wird uns klar werden, daß die Unkenntnis der allerwichtigsten Tatsachen der Christuswirksamkeit ein Hauptfaktor bei ihrer letzten Entscheidung ist. Im Hinblick auf diese Zusammenhänge ist es heutzutage berechtigt, den Selbstmord als ein großes Unglück zu bezeichnen. Wie erwähnt, hat es früher schon Perioden der Geschichte gegeben, welche von Selbstmordepidemien heimgesucht worden sind wie die unsrige; in früheren Zeiten enthielt jedoch die Lebensflucht nicht dieselbe Tragik wie heute. Der Selbstmord ist deshalb erst in unserer christlichen Zeit zu einem wahren Unglück geworden, weil der Selbstmörder heute gerade aus einer Schicksalslage heraustritt, wo ihm der Auferstandene besonders nahe ist und in welcher er ihm persönlich begegnen könnte.

Dies sollten die Menschenfreunde wissen, denen das Schicksal ihrer tragischen Mitmenschen am Herzen liegt und die Wege der Hilfe suchen.

Der Verlust nachtodlicher Kräfte

Im Vorangehenden haben wir gesehen, wie der Mensch durch Selbstmord eine Begegnung mit dem ätherischen Christus verlieren kann. Findet ein Selbstmord vor dem 42. Lebensjahr statt, so begegnet ihm nicht die Vatergottheit, was ernste Folgen für sein nachtodliches Erleben hat. Rudolf Steiner sagt:

«Wir ... erleben ... – zumeist für die Menschen zwischen dem 28. und 42. Jahre unbewußt, aber in den intimen Tiefen der Seele vollwertig – die Begegnung mit diesem Vater-Prinzip. Dann kann die Nachwirkung in das spätere Leben hineinragen, wenn wir feine Empfindungen genug entwickeln, um auf das zu achten, was so in unser Leben aus uns selber kommend als Nachwirkung der Begegnung mit dem Vater-Prinzip hereinspielt ...

Diese Begegnung mit dem Vater-Prinzip bedeutet viel für das Leben, das zwischen dem Tode und einer neuen Geburt verläuft. Dieses Begegnen mit dem Vater-Prinzip, das in den angedeuteten Jahren normalerweise eintritt, bedeutet, daß der Mensch eine starke Kraft und Stütze hat, wenn er, wie wir wissen, zurückzuleben hat, nachdem er durch die Todespforte geschritten ist, im Rücklauf seelisch seinen Lebensgang, sein Erdenleben, indem er durch die Seelenwelt geht. Und stark und kräftig, wie es eigentlich der Mensch soll, kann er diese Rückwanderung – die, wie wir wissen, einen dritten Teil der Zeit bedeutet, die wir zubringen zwischen der Geburt und dem Tode – erleben, wenn er immer wieder schaut: Da, an dieser Stelle bist du begegnet demjenigen Wesen, das der Mensch stammelnd, ahnend ausdrückt, wenn er von dem Vater der Weltenordnung spricht. Das ist eine wichtige Vorstellung, die neben der Vorstellung des Todes selber der Mensch, nachdem er durch die Todespforte geschritten ist, immer haben soll.

Natürlich entsteht in Anbetracht dessen, was wir gerade besprochen haben, eine wichtige Frage. Es gibt Menschen, welche, bevor sie des

Lebens Mitte, wo normalerweise die Begegnung mit dem Vater-Prinzip geschieht, durchlaufen haben, sterben. Wir müssen den Fall ins Auge fassen, daß der Mensch eben dann durch Veranlassung von außen, durch Krankheit – die ja auch eine Veranlassung von außen ist –, durch Schwäche stirbt. Wenn durch dieses frühe Sterben die Begegnung mit dem Vater-Prinzip in den tiefen unterbewußten Seelengründen noch nicht hat stattfinden können, dann findet sie in der Todesstunde statt. Mit dem Tode wird diese Begegnung zugleich erlebt. Und hier ist es, wo wir anders ausdrücken können etwas, was ja, eben wieder anders, im entsprechenden Zusammenhang schon ausgedrückt ist zum Beispiel in meiner ‹Theosophie›, wo von der ja immer im höchsten Grade betrüblichen Erscheinung gesprochen ist, daß Menschen durch ihren eigenen Willen ihrem Leben ein Ende machen. Das würde keiner tun, der die Bedeutung einer solchen Tat einsieht. Und wenn einmal Geisteswissenschaft wirklich in die Empfindungen der Menschen übergegangen sein wird, wird es keinen Selbstmord mehr geben. Denn daß der Mensch in der Todesstunde, wenn dieser Tod vor der Lebensmitte eintritt, zugleich wahrnehmen kann das Vater-Prinzip, das hängt davon ab, daß eben der Tod von außen an ihn herankommt, nicht daß er ihn sich selbst gibt.»[18]

Selbstmord und Karma

Wie Karma wirkt, wenn ein Mensch sich zum Selbstmord entschließt, würde eine eigene Untersuchung erforderlich machen. Hundert Jahre nach dem Selbstmord von Heinrich von Kleist spricht Rudolf Steiner über ihn:

«Und wir werden noch sehen, daß die Erde der ‹Planet der Erlösung› zu nennen ist, wie wir die vorherige Verkörperung der Erde, das Mondendasein, den ‹Planeten der Sehnsucht› nennen können, der zwar zu stillenden Sehnsucht, die aber in der Stillung in eine nie endende Unendlichkeit ausläuft. Und während wir leben im Erdenbewußtsein – das uns, wie wir gesehen haben, durch das Mysterium von Golgatha die Erlösung bringt –, steigt herauf während dieses Lebens aus den Untergründen unserer Seele das, was fortwährend nach Erlösung verlangt...

Es ist ein sonderbarer karmischer Zusammenschluß, daß wir nach unserem ganz gewöhnlichen Programm gerade an einem Tage hier darüber sprechen mußten, der uns erinnern kann, wie ein Geist die unbestimmte Sehnsucht in den allerhöchsten Worten zum Ausdruck bringen konnte und sie endlich umgegossen hat in die allertragischste Tat, welche die Sehnsucht verkörpern konnte. Und wie könnten wir verkennen, daß dieser Geist in seiner Ganzheit, wie er vor uns steht, eigentlich eine lebendige Verkörperung dessen ist, was unten in der Seele lebt, was wir zurückführen müssen auf ein anderes noch als auf das Erdendasein, wenn wir es erkennen wollen? Hat uns Heinrich von Kleist nicht am bedeutsamsten geschildert, was in einem Menschen leben kann – wie Sie gleich auf den ersten Seiten von ‹Die geistige Führung des Menschen und der Menschheit› geschildert finden – von dem, was über ihn selbst hinausgeht, ihn treibt, und was er erst später einsehen kann, wenn er nicht vorher seinen Lebensfaden unterbricht?»[19]

In vielen Einzelheiten schildert Rudolf Steiner bei Weininger, wie sein letztes Leben mit früheren Erdenleben zusammenhing, insbesondere mit fast dreißigjähriger Kerkerhaft zur Zeit der Renaissance. Sein Selbstmord war dadurch veranlagt:

«Merkwürdige Gewohnheiten bilden sich in seiner Seele aus. Ist es denn wunderbar, daß ein Leben, das ein Gefangenschaftsleben nachlebt, schmerzlich berührt wird vom Sonnenuntergang, der an die beginnende Finsternis erinnert? Deshalb ist Weininger so, daß er Sonnenuntergänge immer als etwas Unerträgliches empfindet...

Er zeigte natürlich auch die verschiedensten Abnormitäten, denn dieses Leben war die Wiederholung eines Kerkerlebens. Da tut man nicht immer ganz gewöhnliche normale Dinge. Wenn die sich karmisch erfüllen, dann kann man auf einen gewöhnlichen Psychiater schon den Eindruck eines Epileptikers machen. Den machte auch Weininger. Aber diese Epilepsie war die Wiederholung des Kerkerlebens, waren die Abwehrhandlungen, die jetzt keinen Sinn hatten in einem freien Leben, sondern die eben die karmischen Wiederholungen des Kerkerlebens waren. Er war nicht ein gewöhnlicher Epileptiker...

Von Italien zurückgekehrt, schreibt er noch einige Gedanken auf, die ihm während der italienischen Reise gekommen sind, großartige Ideen über den Zusammenklang des Moralischen mit dem Natürlichen, mietet sich dann ein in Beethovens Sterbehaus, lebt da einige Tage in Beethovens Sterbezimmer und – er hat nun durchlebt die Gefangenschaft von früher – erschießt sich. Das Karma war erfüllt... Sehen Sie all die Hemmnisse, die eine Seele hat, die selbst in so abnormer Weise aus dem Renaissance-Zeitalter in die Gegenwart hereingestellt ist; sehen Sie die Hemmnisse, die sie hat, Spirituelles zu finden, trotzdem sie soviel Spirituelles auf dem Grunde, in dem Unbewußten ihrer Seele hat, und ziehen Sie daraus den Schluß, was alles für Hindernisse es gibt in dem Michael-Zeitalter, um den Forderungen dieses Michael-Zeitalters voll gerecht zu werden.

Denn natürlich wäre es auch denkbar gewesen, wenn die Weininger-Seele spirituelle Weltanschauungen hätte aufnehmen können, daß sie die Entwickelung trotzdem hätte fortsetzen können, nicht bloß durch Selbstmord hätte beschließen müssen die Wiederholung des Gefangenenlebens.»[20]

Verschiedentlich hat Rudolf Steiner über den Selbstmord des Kronprinzen Rudolf von Österreich gesprochen. Er ist nur erklärlich aus einer früheren Inkarnation als Cäsar Nero, der das, was er anderen angetan hatte, nun an sich selbst erleben mußte: «Solch ein Schicksal, möchte ich sagen – denn auch so grausam zu sein wie Nero, so zerstörungswütig wie Nero zu sein, ist ja ein Schicksal –, ist im Grunde genommen ein erbarmungswürdiges Schicksal nach einer gewissen Seite hin... Es ist ja gar kein Zweifel, daß ein objektiver Grund, daß ein

Kronprinz wegen einer Liebesaffäre sich erschießt –, ich meine, ein objektiver Grund, für die äußeren Verhältnisse objektiv notwendiger Grund, natürlich nicht vorliegt.

Es lag auch kein äußerer objektiver Grund vor, sondern es war die Tatsache vorliegend, daß hier einmal eine Persönlichkeit, welcher der Thron unmittelbar in Aussicht stand, das Leben ganz wertlos fand, und das bereitete sich natürlich auf psychopathologische Weise vor. Aber die Psychopathologie muß ja auch in diesem Falle erst begriffen werden; denn die Psychopathologie ist schließlich auch etwas, was mit dem Schicksalsmäßigen zusammenhängt. Und die Grundtatsache, die da in der Seele wirkte, ist dennoch die, daß jemand, dem also das Allerglänzendste scheinbar winkte, das Leben ganz wertlos fand . . .

Und nun denken Sie sich die Nero-Seele . . . herübergekommen gerade in diesen sich selbst vernichtenden Thronfolger, der die Konsequenz zieht durch seinen Selbstmord: dann kehren sich die Verhältnisse einfach um. Dann haben Sie in der Seele die Tendenz liegend, die aus früheren Erdenleben stammt, die beim Durchgang durch die Zeit zwischen dem Tod und einer neuen Geburt im unmittelbaren Anblicke sieht, daß von ihr eigentlich nur zerstörende Kräfte ausgegangen sind, und die auch auf eine splendide Weise, möchte ich sagen, die Umkehrung erleben muß.

Diese Umkehrung, wie wird sie erlebt? Sie wird eben dadurch erlebt, daß ein Leben, das äußerlich alles, was wertvoll ist, enthält, nach innen sich so spiegelt, daß der Träger dieses Lebens es für so wertlos hält, daß er sich selber entleibt. Dazu wird die Seele krank, wird halb wahnsinnig. Dazu sucht sich die Seele die äußere Verwickelung mit der entsprechenden Liebesaffäre und so weiter. Aber das alles sind ja nur die Folgen des Strebens der Seele, ich möchte sagen, alle die Pfeile auf sich selbst zu richten, die früher diese Seele nach der Welt hin gewandt hat. Und wir sehen dann, wenn wir in das Innere solcher Verhältnisse hineinsehen, eine ungeheure Tragik sich entwickeln, aber eine gerechte Tragik, eine außerordentliche gerechte Tragik. Und die beiden Bilder ordnen sich uns zusammen.»[21]

Auch bei Ferdinand Raimund, dem österreichischen Dramatiker, lag die Ursache für den Selbstmord in einem früheren Erdenleben, und zwar im vorletzten. Ein ganzer Vortrag des pastoral-medizinischen Kurses ist den Verwicklungen seiner Inkarnationen gewidmet. In der vorletzten Inkarnation war er ein Bauer im Süden Asiens, wo man den Tieren, besonders den Haustieren, viel Liebe entgegenbrachte. Im Unterschied zu seiner Umwelt nahm er wohl deren spirituelle Lehren auf, quälte aber seine Tiere voller Lust. Im neunzehnten Jahrhundert wurde er als besonders ängstlicher Mensch geboren, der sich aus diesem Grunde Hunde hielt. Seine nachtodliche Reue über die Tierquälerei führte nun zu einer solchen Bildung der Leibesorganisation, daß er Träger von Elementarwesen der Angst wurde. Dabei lebte er in der Angst, die pathologische Züge annahm, durch Hundetollwut elend zugrunde gehen zu müssen. Wie Karma schließlich wirkt, schildert Rudolf Steiner so:

«. . .er bleibt an die Tiere gefesselt. Wieder hat er einen Hund nach zehn Jahren, und siehe da, als er mit dem Hunde spielt, beißt er ihn wirklich. Wieder tritt die Idee auf – kurioserweise ist es auch konstatiert worden, daß der Hund an Hundswut litt, es war aber ganz unbedeutend –, Raimund stand da, er war gebissen von dem Hund, der hat Hundswut! Raimund fährt nach Pottenstein, schießt sich eine Kugel in den Kopf, die in die hintere Höhlung hinaufgeht und weit zurück sitzt. Sie kann nicht operiert werden; Raimund stirbt an dem Schuß nach etwa drei Tagen. Sie sehen, die erste sozusagen ‹Wahnidee› hat er losbekommen, aber das Karma hat fortgewirkt.

Es ist ein Fall, wo in seltener Art das Karma sich reinlich auswirkt; denn denken Sie nur einmal folgendes: Es ist subjektiv nicht ganz ein Selbstmord, denn Raimund hat nicht ganz die volle Verantwortlichkeit, es ist nicht subjektiv ein voller Selbstmord. Es ist objektiv auch kein voller Selbstmord, denn wenn gerade an der Stelle dazumal hätte operiert werden können, so wäre Raimund gerettet worden. Aber man konnte dazumal nicht an der Stelle operieren, man mußte die Kugel drinnen lassen, und das führte nach drei Tagen zum Tode. Es ist kein reiner Selbstmord, weder subjektiv noch objektiv. Man kann also nicht sagen, daß da sich irgend etwas anschließt wegen Selbstmords im

Karma. Das Karma setzt sich nicht fort, es lebte sich aus mit dem, was er in diesem Leben erlebt hat bis zum Schlußpunkt, bis zu der Art, wie sich die selbstmörderische Absicht verwirklichte. Aber man sieht förmlich heraufschlagen, deutlich erkennbar, das Karma aus dem früheren Leben . . .»[22]

Besonders furchtsam zu sein, kann Folge eines Selbstmords in einem früheren Erdenleben sein: «Die Tendenzen des nicht abgelaufenen Lebens erwecken Furcht im Leben nach dem Tode und sogar im folgenden Erdenleben.»[23]

An den Beispielen von Weininger, Kronprinz Rudolf und Raimund sehen wir, wie das tragische Ende zum Schicksal gehört. So verstehen wir, daß Tod durch Unglücksfall oder Selbstmord «im Gesamtschicksal des Menschen durchaus auch etwas sein [kann], was einen Fortschritt bedeutet. Aber was der Wille . . . hätte erleben müssen in dem Siege über die Leiblichkeit . . . muß einen anderen Weg gehen».[24]

Für das Gesamtschicksal der Menschheit brauchen die Hierarchien, wenn es sich zum Heile entwickeln soll, die unverbrauchten Ätherleiber der durch einen Unglücksfall in jungen Jahren Gestorbenen. Doch: «Es wäre eine furchtbare Versündigung gegen die weisheitsvollen Gesetze der Welt, wenn der Mensch selber etwas dazu täte»[25], um jung zu sterben in der Vorstellung, daß seine unverbrauchten Lebenskräfte der Menschheit dienen könnten. Im Gegenteil, bei Selbstmord vernichtet man «fruchtbare Kräfte des Ätherleibes durch . . . Entschlüsse», die aus einer «Bewußtseinsmaja» heraus gefaßt werden.[26]

Nachwort

Maria von Nagy-Göllner wurde im Jahre 1894 in Budapest geboren.

Nach bestandenem Abitur besuchte sie die Philosophische Fakultät der dortigen Universität. Im Herbst 1918 – kurz nach ihrem Doktorexamen – heiratete sie den damals im öffentlichen Leben bekannten Juristen, Parlamentsangehörigen und Publizisten Dr. Emil von Nagy. Im fünften Jahr ihrer Ehe wurde er Justizminister von Ungarn. Sein politisches Ansehen ermöglichte Maria von Nagy die Gründung der ersten Gefängnismission im Lande. Diese Tätigkeit übte sie fünfundzwanzig Jahre lang aus.

Die Gefängnisfürsorge galt in der damaligen Zeit als Pionierarbeit. Sie beabsichtigte, die Strafanstalten in jeder Hinsicht zu humanisieren, die Strafdauer nicht nur für die Arbeit – wie dies bereits vom Staat eingerichtet war –, sondern für praktische und kulturelle Weiterbildung der Gefangenen zu verwenden, deren in Not geratene Familienmitglieder zu unterstützen und nach Ablauf der Strafzeit den ins freie Leben Zurückkehrenden Arbeit und Unterkunft zu verschaffen. Maria von Nagy besuchte während zweieinhalb Jahrzehnten die Gefangenen in ihren Zellen – Frauen und Männer –, sah das unendliche Leiden, die schief geratenen, gespaltenen Existenzen, deren vollkommene Aussichtslosigkeit. Sie trat schon damals in die Nähe solcher Menschen, die «nicht aus noch ein» wußten.

Diese Erlebnisse haben viel dazu beigetragen, daß sie in späteren Jahren die vorliegende Studie verfassen konnte.

Im Jahre 1929 erhielt sie die Genehmigung, eine Gefängniszeitung, die den Namen «Bizalom» (Vertrauen) erhielt, zu redigieren und in tausend Exemplaren erscheinen zu lassen. Diese wurden in allen Strafanstalten Ungarns unentgeltlich an die Gefangenen verteilt. Das Titelblatt entwarf der ihr befreundete Schweizer Dichter Albert Steffen.

Maria von Nagy beschreibt in ihren Memoiren, auf welch märchenhafte Weise sie in Dresden eine Begegnung mit einem jungen Universitätsstudenten hatte, der später Ingenieur-Chemiker wurde und ihr die ersten Bücher von Rudolf Steiner lieh. Und wiederum durch eine sonderbare Fügung des Schicksals konnte sie Ostern 1924 in Dornach, dem Wohnort und der Wirkensstätte Rudolf Steiners, eintreffen. Sie erhielt die Möglichkeit, mehrere Gespräche mit ihm zu führen und in der Folge fünfzig seiner Vorträge und Ansprachen mit anzuhören. Ihr erstes Gespräch mit Rudolf Steiner fand am Karfreitag 1924 statt, und bei seiner letzten Ansprache am 28. September desselben Jahres, am Vorabend des Michaelfestes, konnte sie ebenfalls anwesend sein.

1926, zwei Jahre nach ihrer Heimkehr, gründete sie in Budapest eine Einheitsschule für Knaben und Mädchen mit acht Klassen, die im Sinne der Pädagogik Rudolf Steiners sieben Jahre lang – bis zur Machtübernahme Hitlers 1933 – wirken konnte. Man nannte sie damals nach der ersten Schulgründung in Stuttgart die «Waldorfschule in Budapest». Die Unterrichtssprache war vorwiegend Deutsch. Die Lehrkräfte kamen aus Deutschland, in den meisten Fällen Anthroposophen und ausgebildete Waldorfpädagogen. Parallel mit dieser Schuleröffnung gründete Maria von Nagy die anthroposophische Bewegung in Ungarn, Landesgruppe genannt.

Nach dem Ende des Zweiten Weltkrieges kam Maria von Nagy zu Weihnachten 1946 im Auftrag des Roten Kreuzes in die Schweiz, um hier die Invalidenfürsorge zu studieren. Die damalige sich immer verschlimmernde Weltlage verunmöglichte ihr die Rückkehr nach Ungarn. Sie blieb während ihres ganzen weiteren Lebens in der Schweiz wohnen.

Von diesem Zeitpunkt an entfaltete sie dreißig Jahre lang eine ausgedehnte Vortragstätigkeit über die Anthroposophie in zahlreichen Städten der ganzen Schweiz. Sie wurde als Vortragende auch nach Rom, Mailand, Salzburg, London und ins Elsaß berufen. Ihre längste Vortragsreise führte sie nach Australien und Neuseeland, wo sie Einführungskurse in die Weltenschau von Rudolf Steiner in englischer, ungarischer und deutscher Sprache hielt.

Im Jahre 1956 begann sie, im Rahmen der Volkshochschulkurse der Universität Basel Vortragsreihen über kultur- und geisteswissenschaftliche Fragen zu halten. Diese Tätigkeit dauerte zwanzig Jahre lang. Während der Lebensepoche, die sie in der Schweiz verbrachte, war es ihr möglich, in den genannten Ländern nahezu zweitausend Vorträge und Kursarbeiten durchzuführen. Auch die in Ungarn begonnene schriftstellerische Tätigkeit setzte sie weiter fort.

Bald nach ihrem siebzigsten Geburtstag zeigte sich erstmals die schnell zunehmende Krankheit ihrer Augen, die zu einer fast völligen Blindheit führte. Mit achtzig Jahren bekam sie den weißen Stock, lebte aber weitere sieben Jahre mit den erloschenen, noch in der Blindheit strahlenden Augen. Am 19. Januar 1982 ist sie in die geistige Heimat zurückgekehrt.

*

Die erste Fassung der vorliegenden Studie «Rudolf Steiner über den Selbstmord» ist in Fortsetzungen im Jahrgang 1953 der Wochenschrift «Das Goetheanum», später im Selbstverlag der Verfasserin erschienen und war kurz danach vergriffen. In den folgenden Jahren wurde Maria von Nagy öfters aufgefordert, eine zweite Auflage herauszugeben. Sie weigerte sich aus verschiedenen Gründen. Die Beispiele von Selbstmördern, die sie anführt, stammen größtenteils aus der Zeit des Zweiten Weltkrieges. Seitdem hat sich die Weltlage wesentlich verändert. Es gibt in unserer Epoche eine Anzahl zum Freitod führender Ursachen, die in den fünfziger Jahren noch nicht so unmittelbar in den Vordergrund traten. Die Krebs- und Aidskrankheiten, die verschiedenen kriminalistischen Straftaten haben sich entschieden vermehrt, und das Rauschgift brachte ein entsetzliches Verderben über die Menschheit. Die *Beweggründe* des Selbstmordes erhielten also immer neuen Zuwachs, die *Folgen* aber blieben dieselben. Was Rudolf Steiner in seinem grundlegendem Buche «Theosophie» im Jahre 1904 über das tragische Problem des Selbstmordes geschrieben hat, ist auch heute gültig, obwohl seitdem fast neun Jahrzehnte verflossen sind.

Es ist bekannt, daß in den letzten Jahrzehnten eine Anzahl von wissenschaftlichen Fachbüchern über dieses Thema erschienen sind.

Diese enthalten sämtlich wertvolle Beobachtungen, Untersuchungen und bereichern die bisherigen Forschungen mit neuen Elementen. Einige Autoren weisen auch darauf hin, daß die Motive des Selbstmordes in den verschiedenen Ländern voneinander abweichen. In Japan und in den westeuropäischen Staaten besteht ein verhüllter Zusammenhang zwischen Wohlstand und dem Freitod; im Osten dagegen ist der Beweggrund oft die Entbehrung. In den entwickelten, reichen Ländern werden viele Menschen durch die sinnlichen Genüsse lebensüberdrüssig, bekommen einen Ekel und werfen das Leben von sich; im Osten tun sie dies aus Mangel an Lebens- und Entwicklungsmöglichkeiten.

Eine verhältnismäßig neue Erscheinung war in manchen terroristischen Staaten zu bemerken, wo einige junge Menschen in solcher Weise ihren Widerstand gegen das Regime veranschaulichten, daß sie sich öffentlich verbrannten. Die Beispiele könnten noch vermehrt werden. Die Ursachen des Selbstmordes verändern sich, die Konsequenzen nach dem Tode bleiben unveränderlich.

Aus den Zitaten, die in dieser Schrift angeführt werden, ist ersichtlich, daß Rudolf Steiner sich sowohl mit den *Ursachen* als auch mit den *Folgen* des Selbstmordes befaßt. Wenn wir nun vom Gesichtspunkt der Folgen aus die Beispiele dieser Studie ins Auge fassen (wie gesagt, sie stammen meistens aus der Zeit des Zweiten Weltkrieges), so besteht kein Unterschied zwischen einem Nazipolitiker, der 1945 Selbstmord begangen hat, und einem an Aids Leidenden, der im Jahre 1990 sich mit Gewalt das Leben nimmt, für beide gilt, «daß die plötzliche Trennung vom physischen Leib im Falle des Selbstmordes schmerzlicher ist als bei einem gewaltsamen Tode, den der Mensch *nicht* sich selbst gegeben hat».

Die Parallelen können ergänzt werden. Vom Standpunkte der Folgen aus gesehen, ist es letzten Endes gleichgültig, ob jemand sich das Leben aus Angst vor einer Verhaftung nimmt oder ob ein Mensch in unseren Tagen einen Freitod wählt, weil er sich vom Rauschgift nicht befreien kann. In beiden Fällen «ist die Periode seines nachtodlichen Lebens besonders leidvoll».

Für den *heutigen* Leser ist die Quintessenz der Schrift von Maria von Nagy nicht nur die Schilderung der Beweggründe, die zum Selbstmord führen, sondern einerseits die Veranschaulichung der nachtodlichen Folgen, andererseits auch die Deutung auf die Wege der Hilfe. Die Hinterbliebenen können ihren verstorbenen Freunden Linderung bringen, indem sie Liebe zu ihnen in die geistige Welt senden.

Anfang der siebziger Jahre hatte sich Maria von Nagy auf Grund der vielen Anfragen entschlossen, ihre Studie, einen «Hinweis» – wie sie ihre Schrift nannte –, neu drucken zu lassen. Wegen ihrer Augenkrankheit konnte sie aber weder Ergänzungen einfügen, noch die breite Fachliteratur der letzten Jahrzehnte durchstudieren. Diese Umstände veranlaßten sie zu der Bitte, daß für den Fall, daß die Schrift nach ihrem Tod unverändert wiedererscheinen würde, ein Geleitwort die Leser auf die neuen fatalen Ursachen des Selbstmordes, die sie früher noch nicht bearbeiten konnte, aufmerksam machen sollte.

Das Wesentliche ihrer Studie ist aber auch heute zeitgemäß. «Wenn wir von Grenzfällen absehen, muß trotz aller Verschiedenheit der Freitod-Arten wiederholt werden: Dem eigentlichen Selbstmord geht die gefühlsmäßige oder gedankliche Feststellung der inneren oder äußeren Ausweglosigkeit voraus.» Es ist letzten Endes gleichgültig, welche Ursachen zu den verhängnisvollen Verzweiflungen führen. Die Worte Rudolf Steiners, die er am 1. Oktober 1911 in Basel ausgesprochen hat, sind heute gültiger als je und beziehen sich auf alle Arten der Ausweglosigkeit: «Gar mancher wird erleben, wenn er gedrückten Herzens, leidbelastet, still in seinem Zimmer sitzt und nicht aus noch ein weiß, daß die Tür geöffnet wird: Der ätherische Christus wird erscheinen und wird Trostesworte zu ihm sprechen. Ein lebendiger Trostbringer wird der Christus für die Menschen werden!»

Möge diese kurze Schrift die Menschenfreunde, «denen das Schicksal ihrer tragischen Mitmenschen am Herzen liegt», auf den Weg der Hilfe geleiten. Sie wurde durch Elisabeth Bessau um eine Vielzahl von Hinweisen Rudolf Steiners auf die verschiedenen Aspekte des Selbstmordes, darunter die karmischen, ergänzt.

Dornach, Ostern 1990 *Istvan von Vámosi Nagy*

Anmerkungen

1 Fritz Schwarz, Probleme des Selbstmords, Bern 1946.

2 Rudolf Steiner, Erfahrungen des Übersinnlichen. Die Wege der Seele zu Christus, GA 143, Dornach 1983, Vortrag vom 15. Januar 1912 in Zürich.

3 Ders., Die Evolution vom Gesichtspunkte des Wahrhaftigen, GA 132, Dornach 1987, Vortrag vom 21. November 1911 in Berlin; Menschengeschichte im Lichte der Geistesforschung, GA 61, Dornach 1983, Vortrag vom 23. November 1911 in Berlin; Rudolf Steiner in der Waldorfschule, GA 298, Ansprache am 16. Juni 1920 in Stuttgart.

4 Ders., Natur und Mensch in geisteswissenschaftlicher Betrachtung, GA 352, Dornach 1981, Vortrag vom 20. Februar 1924 in Dornach.

5 Ders., Erdensterben und Weltenleben. Anthroposophische Lebensgaben. Bewußtseinsnotwendigkeiten für Gegenwart und Zukunft, GA 181, Dornach 1986, Vortrag vom 25. Juni 1918 in Berlin.

6 Ders., Der Tod als Lebenswandlung, GA 182, Dornach 1976, Vortrag vom 30. Juni 1918 in Hamburg. Besonders ausführlich stellt Rudolf Steiner am 29. Juli 1916 in Dornach Leben und Tod Weiningers sowie den Wesensgliederzusammenhang und die Ursachen des Selbstmords dar: Das Rätsel des Menschen. Die geistigen Hintergründe der menschlichen Geschichte, GA 170, Dornach 1978.

7 Ders., Theosophie. Einführung in übersinnliche Welterkenntnis und Menschenbestimmung, GA 9, Dornach 1987, Kapitel: Die Seele in der Seelenwelt nach dem Tode.

8 Ders., Vor dem Tore der Theosophie, GA 95, Dornach 1978, Vortrag vom 24. August 1906 in Stuttgart.

9 Ders., Kosmogonie. Populärer Okkultismus. Das Johannes-Evangelium. Die Theosophie an Hand des Johannes-Evangeliums. GA 94, Dornach 1979, Vortrag vom 2. Juni 1906 in Paris.

10 Ders., Grundelemente der Esoterik, GA 93a, Dornach 1987, Vortrag vom 7. Oktober 1905 in Berlin; eine ähnliche Äußerung findet sich in: Kosmogonie, a. a. O., Vortrag vom 30. Juni 1906 in Leipzig.

11 Ders., Aus einer Fragebeantwortung, München, 31. März 1914 (unveröffentlicht).

12 Ders., Das Wirken der Seelenkräfte im Menschen und ihr Zusammenhang mit dessen ewiger Wesenheit, Vortrag vom 28. November 1917 in Bern, in: Die Menschenschule, Monatsschrift für Erziehungskunst im Sinne Rudolf Steiners, Basel, Dezember 1961.

13 Siehe Albert Steffen, Drei Begegnungen, in: Das Goetheanum, Dornach, 6. August 1950.

14 Siehe hierzu insbesondere Rudolf Steiner, Okkulte Untersuchungen über das Leben zwischen Tod und neuer Geburt. Die lebendige Wechselwirkung zwischen Lebenden und toten, GA 140, Dornach 1980; Der Tod als Lebenswandlung, a. a. O.; Unsere Toten. Ansprachen, Gedenkworte und Meditationssprüche 1906–1924, GA 261, Dornach 1984.

15 Albert Steffen, Ruf am Abgrund, Dornach 1977.

16 Rudolf Steiner, Das esoterische Christentum und die geistige Führung der Menschheit, GA 130, Dornach 1987, Vortrag vom 1. Oktober 1911 in Basel.

17 Albert Steffen, Adonis-Spiel, Dornach 1988; Der Sturz des Antichrist, Dornach 1952; Fahrt ins andere Land, Dornach 1938.

18 Rudolf Steiner, Bausteine zu einer Erkenntnis des Mysteriums von Golgatha. Kosmische und menschliche Metamorphose, GA 175, Dornach 1982, Vortrag vom 20. Februar 1917 in Berlin.

19 Ders., Die Evolution vom Gesichtspunkte des Wahrhaftigen, a. a. O., Vortrag vom 21. November 1911 in Berlin.

20 Ders., Esoterische Betrachtungen karmischer Zusammenhänge, Bd. IV, Das geistige Leben der Gegenwart im Zusammenhang mit der anthroposophischen Bewegung, GA 238, Dornach 1981, Vortrag vom 21. September 1924 in Dornach.

21 Ders., Esoterische Betrachtungen karmischer Zusammenhänge, Bd. II, A 236, Dornach 1988, Vortrag vom 27. April 1924 in Dornach.

22 Ders., Das Zusammenwirken von Ärzten und Seelsorgern, GA 318, Dornach 1984, Vortrag vom 13. September 1924 in Dornach.

23 Ders., Aus einer Fragebeantwortung, Berlin, 27. November 1913 (unveröffentlicht).

24 Ders., Menschengeschichte im Lichte der Geistesforschung, a. a. O., Vortrag vom 29. Februar 1912 in Berlin.

25 Ders., Okkulte Untersuchungen über das Leben zwischen Tod und neuer Geburt, a. a. O., Vortrag vom 10. März 1913 in München.

26 Ders., Wege der geistigen Erkenntnis und der Erneuerung künstlerischer Weltanschauung, GA 161, Dornach 1980, Vortrag vom 6. Februar 1915 in Dornach. – Zwei spezielle Ursachen des Selbstmords werden behandelt in: Grundelemente der Esoterik, GA 93a, Dornach 1987, Vortrag vom 30. Oktober 1905 in Berlin («zeremonielle Magie» führt «sehr häufig» zu Selbstmord); Geisteswissenschaft als Erkenntnis der Grundimpulse sozialer Gestaltung, GA 199, Dornach 1985, Vortrag vom 10. September 1920 in Dornach (durch die Einführung der Arbeitspflicht in der Sowjetunion werden die Selbstmorde nach zehn Jahren «in rasender Eile zunehmen»).